維新断罪

中小企業社長が喝破する、
大阪の沈みゆく理由と再生私論

日本城タクシー社長
坂本 篤紀
Sakamoto Atsunori

せせらぎ出版

はじめに

せせらぎ出版がこの本を出版したのは、このままでは大阪が完全に壊れてしまうとの危機感からです。行政サービスは著しく低下し、教育現場はすさみ、命を失うリスクは高まり、中小企業支援が激減していることもあって、経済は長期にわたり伸び悩んでいます。

大阪維新の会は「大阪の成長を止めるな！」と謳ってきましたが、それはまったくの嘘です。（図1）に見るとおり、全国の経済成長率を下回り、すでに「成長は止まっている」のです。

維新政治のこうした問題点を多くの人と共有し、どうすれば大阪を再生できるかを一緒に考えるきっかけにしたいと願い、本書を発行しました。

そのために白羽の矢を立てたのが、日本城タクシーの社長である坂本篤紀さんです。

ご存じの方もいらっしゃると思いますが、坂本社長は朝鮮学校の生徒たちがヘイトスピーチにさらされているのを見かねて「ヘイトスピーチ、許さない」というステッカーを自社のタクシーに貼ったり、コロナ禍で経営が厳しくなったときに、社員の給料をねん出するために、所有していた観光バスを売却したり、弱い立場の人たちを守る取り組みの先頭に立ってきました。また、TBSの生放送で橋下徹さんとバトルを繰り広げたことで注目されました。決して口調は上品ではありませんが、その心意気には敬服させられます。

図 1　大阪府と全国の経済成長率の推移（実質 GDP。前年度比）

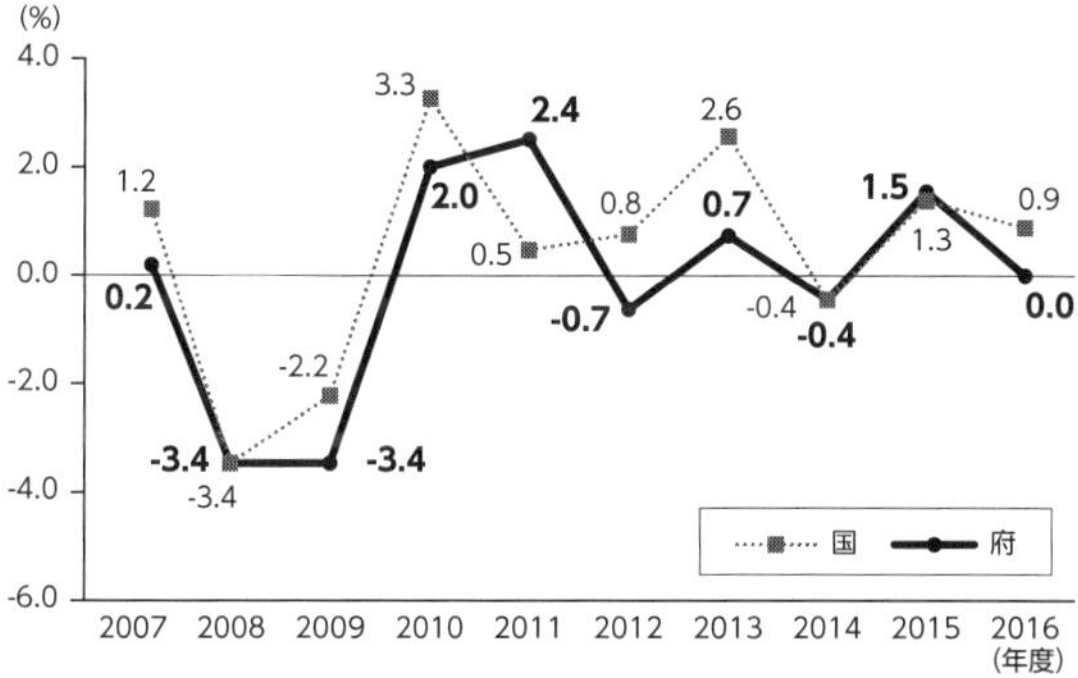

出典：大阪府統計課「大阪府民経済計算」
（2020 年度発行）

本書には主に次のような論点を記述しています。
●公務員の削減によって、新型コロナの死亡率が全国ワーストワンになったこと
●大阪ＩＲ・カジノ計画が抱える大きな問題の数々
●大阪の実体経済が損なわれ、庶民の暮らしや商売が壊されてきたこと
●消費税導入以来、日本は貧しくなり、それが社会の分断の温床になっていること
●一方で、大阪維新の会のお友だち企業が「中抜き」で稼ぎを奪っていること
●そして、大阪を、日本を再生するには何をすればいいか

坂本社長はもちろん学者ではありません。

その発言はいたってシンプルです。

「普通に考えたら、おかしいやろ」

「早く現実に気づかなあかん」

「働く人の給料をあげたらええだけやん」

本書で坂本社長は庶民目線で読者の皆さんに呼びかけます。

維新政治を選ぶのも、NOを突きつけるのも、最終的には皆さん一人ひとりです。

本書がいまの大阪の政治や行政を一緒に考え、見直す一助になれば幸いです。

2023年2月14日

株式会社せせらぎ出版
コミュニティ・パブリッシング事業部

目次

第2章　大阪IR・カジノが実現すれば地盤は沈む。

第3章　クリエイティブ・クラス論は、庶民を本当にしあわせにするのか？

第4章 どこに消えたのか？

第5章　大阪を、そして日本を立て直す手立てはどこにあるのか？

第1章

大阪が新型コロナの死亡率でワーストワンになった理由

橋下徹とバトルするタクシー会社社長の登場

――今日は坂本社長に大阪維新の会の問題点やどうすれば疲弊している大阪が再生できるかについて、いろいろと質問させていただきたいと思います。よろしくお願いいたします。

はい、なんぼでも聞いてください。

――坂本社長はテレビ番組で橋下徹さんとバトルとなったことで注目が集まったわけですが、どういう経緯で出演することになったのですか?

コロナ禍になって、みんな自粛を強いられて、旅行どころでなくなると我々のバスの仕事もなくなったわけですよ。

――坂本社長はバスとタクシー会社を経営されていますね。

そう。だから仕事がなくても社員を食べさせていかなあかん。持っていたバスを売却したり、ベビーカステラを焼いて売ったり、ない知恵を絞って金を稼ぐことに必死になっているると、その姿をあるテレビに取り上げられて、それを見た「報道1930」のディレクターが、苦しんでいる経営者の代表として僕を呼んだんやね。

――そこで橋下徹さんとバトルになったわけですね。

橋下徹が勝手な意見を言いだすわけよ。ＰＣＲ検査をしたらあかんって言うんやね。今でこそ標準になったけれど、ＰＣＲ検査をして、陰性の人が外にでて経済をまわして、陽性の人の分をカバーしたらええだけの話なんや。それだけの話なのに、ＰＣＲ検査をしたらどうのこうのと、させへん屁理屈をガタガタ言うわけよ。それで僕が反論して都合が悪くなると論点をすり替えよる。これは言うておかなあかんと思ってやね。

――どのようなことをおっしゃったんですか？

政治として何をしなければいけないかって松原耕二さんが振ってくれた。僕は一向に学ぼうとせえへん姿勢に恐怖を感じているって言った。1波、2波、3波ってコロナウイルスが襲ってきたのに、全然学べへんから何の対策もできひん。あの番組は生放送やからカットされなかったけど、福島原発も例にあげて、10年経って結局、トリチウム汚染水を海に捨てるっておかしいやろと。その間に何らかの対策も開発もできたはずやん。オリンピックの金を全部それに使ったらできたはずやんか。

——オリンピックの金を福島原発対策に使うことなんてできるんですか？

できるもできないも、何がいちばん重要かと考えたらええだけの話や。オリンピックをするより福島原発の放射能をなんとかするほうが、日本のため、そして世界のためになることくらい誰でもわかると思うよ。

——坂本社長がおっしゃる、学ばなくなった弊害ですね。

そう、だから同じ失敗を繰り返すんやね。番組の中でも、コロナ禍も10年後には48

波くらいきてるんちゃうかって言うたわけ。みんな普通のことを普通に言えへんよね。消費税も貧乏人から巻き上げて金持ちへ持って行くだけやん。だっていままで巻き上げた消費税を法人税減税の穴埋めにつかっているんやもん（図2）。いろんなところで当たり前の議論をしてへんから日本社会がダメになっていってるのに。

図2　消費税収と法人税収の推移
（財務省一般会計税収の推移より、れいわ新選組が作成）

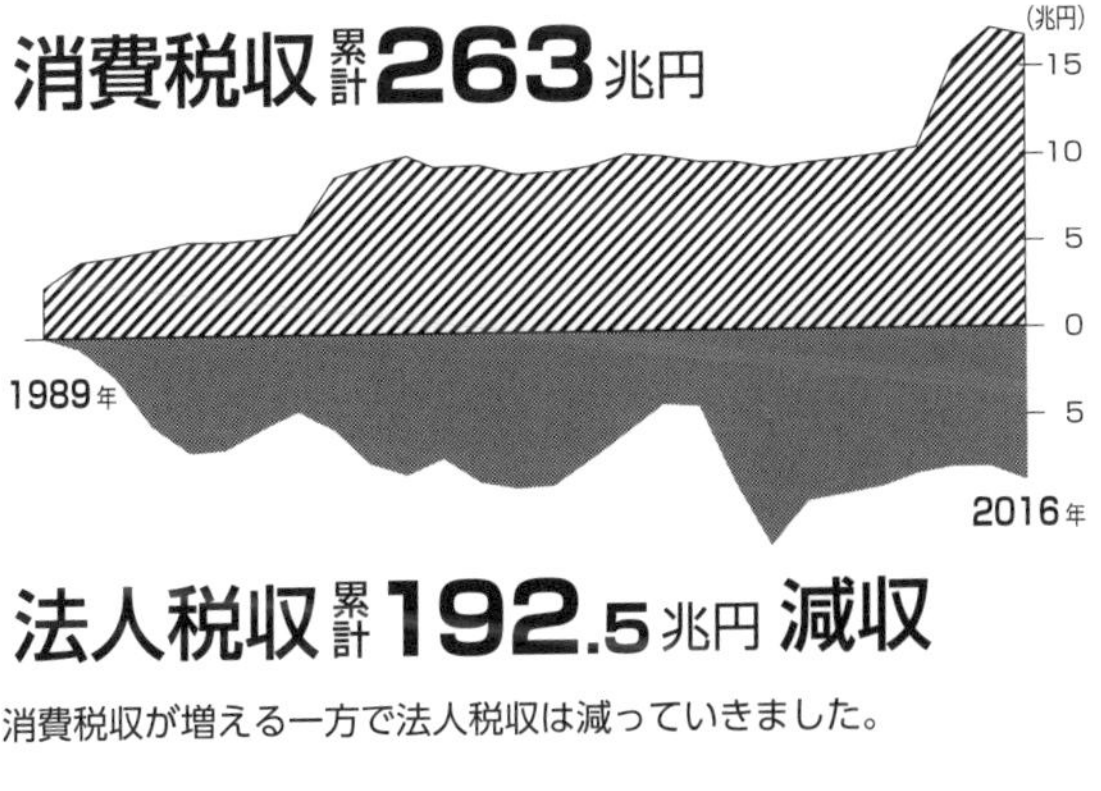

消費税収が増える一方で法人税収は減っていきました。

吉村大阪府知事の胸のエキスポマークの違和感

――番組で坂本社長が、吉村大阪府知事の胸に付いているエキスポマークのことをおっしゃったときは痛快でした。

コロナ禍のときはタレント並みにテレビ出演して、頑張っている姿を懸命にアピールする一方で、おばあちゃんにコロナ禍やから病院行くのは控えてな、手術は待ってなってお願いする。せやけどその吉村知事の胸に、「ＥＸＰＯ２０２５」ってマークが貼ってある。おかしいよね。辻褄が合わん。

――社長の発言はけっこうインパクトがありました。番組では橋下徹さんがいつものように持論を展開する。それに対して「お前はアホちゃうか」って、庶民が思っていることをズバッと口にする人が現れた。

橋下徹にそう言う人ってあまりいないみたいやね。

――みんなが心のどこかでそう思っていたはずなんですが、言葉にする人がいなかった。坂本社長がズバッと言ってくれたおかげでみんながそうなんだって気づいた。大阪維新の会も痛いところを突かれました。

説得力もなんもあらへんわね。何の対策もせんと通天閣の色を変えてるだけ。みんなおかしいと思っている普通の気持ちを取り戻した瞬間かもしれんね。僕が受けたんやなくて、みんなが普通を思い出した瞬間やね。普通を思い出してほしいよね。

――そうなんです。

橋下徹はキャンキャン言って、人を論破するために生まれてきたような人。論点をそらしてでも自分を優位に見せようとすることにためらいもない人なんやね。一番にあるのは庶民ではなく自分。しかし口が立つように思われているから、なかなかそれに反発しようという人がいないわけですよ。

——坂本社長のように民間の一経営者で、一歩引いて、俯瞰したところから「あんたおかしいで」っていう感じで反論したのが爽快っていうか、みんな胸の内がすっとして視界が開けたんですよ。

それと大阪維新の会のメディアを抱き込むやり込む口も感心はできひんよね。東京でも同じことが起きている。某大手広告代理店の悪口を言えばめちゃめちゃ干される。いまだに萩生田が国会議員としておれるのは普通におかしいのに、みんなおかしいと言えへんよね。

——そうですね。

でも橋下徹はせこいね。収録の前に、スタッフから僕のところへ電話をさすねん。坂本さんはテレビにでているから公人ですね、橋下徹さんがそう言ってましたよって、出演の前に言うわけよ。

――そんなことがあったんですか?

公人っていうことは名誉毀損に問うぞっていうことを暗に言って、出演の前にプレッシャーをかけてくるわけよ。僕にでもするから他の人にもやってるんやろな。

――気の弱い人ならビビリますよね。

僕なんか何ぬかすんやと思ってね。だからこう言うといてくれって、安倍昭恵は私人で、オレは公人かと聞いとけって返したんですよ。

――さすが坂本社長。

次の日の当日にもまた電話がかかってきて、昨日の電話が脅したようにとられたら失礼だから本日の番組では全力を尽くしていきますよってわざわざ連絡してくる。弁護士が何に全力を尽くすんやって思うよね。口げんかのプロやと思とんのんかな。僕なんか子どもの頃からいらんこと言うなってさんざん言われて育ってきたから、負ける気はぜんぜんせえへんねんけどな。

ヘイトスピーチ反対のステッカーを車に貼りだした理由

——もうひとつ、坂本社長は自社のタクシーにヘイトスピーチ反対のステッカーを貼りだしたことでも有名になりました。そもそものきっかけは?

ヘイトスピーチのステッカーはメディアへの批判。メディア批判っていうとアメリカのトランプ前大統領みたいでイメージが悪くなりそうやけど、在阪メディアは酷いわ。右翼かなんかしらんけど、朝鮮学校の前へ行って、でてこいってやってるわけやんか。小学生相手に吠えまくってる。それをメディアが放置している。見て見ぬふりをしているんや。

——普通に考えて、大人が小学生を相手に凄んでいるのって相当格好悪くって情けないですよね。

最近は統一教会のおかげで、「愛国」と言われている人たちが実は純粋な「愛国」やなくて、職業愛国者やったってわかってきたと思うんやけど、その当時は年いかぬ若い子に「鶴橋大虐殺」をするぞって凄んでいたんやからね。誰かが何かをせなあかんよね。

——そのとおりです。

そんなときに法務省が「ヘイトスピーチ、許さない」というポスターを作ったという話を聞いたんや。それで僕は法務省へすぐに電話して、このデザイン

坂本社長の経営する日本城タクシーのリアガラスに貼られたステッカー

を使ってええかと直談判した。あかん言うても使うで、あとで訴えられても結構やって言うて。

――それって直談判じゃなくて脅迫かも（笑）。

それくらいの意気込みやったということ。それから同じ柄のステッカーを作って車に貼ったんや。車内に貼ったら思想信条の強要になるけど、外に貼ってたら、タクシー乗っているお客さんがわざわざ降りて見にいくこともない。

――それで自社のタクシーに貼るようになったんですね。

そう。やっぱり誰かが何かをせんと、どんどん苦しい世の中になっていく。実際に弱い人が住みにくくなってきてるやん。あんなにみんな中流やと思っていたのに、ふと気がつくと、みんな貧乏人になっていた。そんな現実に早く気づかんと。もうすでに手遅れの域に来てるかもしれんけどな。

ヘイトスピーチ反対は大阪維新の会嫌いにつながる

――「ヘイトスピーチ、許さない」ステッカーはすばらしい実践と尊敬しますが、それがどうして反大阪維新の会へ？

ヘイトスピーチを許さないというのは人間として当たり前のこと。ヘイトスピーチを繰り返して誰かがしあわせになるはずがないやん。一方で大阪維新の会の根底にあるのは、自己責任なんですよ。ヘイトスピーチされている弱い立場の側になんの責任もないのに、大阪維新の会の言い分でいくと……。

――言われるほうにも問題があるとなるわけですね。

そう。普通に考えるとおかしいことやのに、そんな単純なことをみんながわからんようになってきているんですよ。長谷川なんとかという元アナウンサーが透析を受けなければいけない人は自業自得やから、それに医療費を使うのは無駄で、医療費を食い荒らすってとんでもないことを言いだすわけよ。

——その論理、わけがわかりませんよ。

そう、普通の感覚があればそんなアホなって思うけれど、最近の日本のように、みんな生活が苦しくなってくると、病院の窓口で医療費を1万なんぼ払ったときに「?」と思う人が現れるわけ。そんな人をうまく食いもんにしている大阪維新の会のやり口が気に入らんわけでね。

公務員バッシングのピークを作った人、橋下徹

橋下徹が政治シーンに初めて登場したのが大阪府庁。2008年やね。ちょうど公務員バッシングが盛り上がってきたときにでてきて、ピークを作った人ともいえる。

――労働組合とか、河川管理の現場や清掃工場などの現業職の方々へのバッシングはあったって聞いています。

マスコミが大阪市の職員のことを取り上げ始めたのは、平松邦夫市長や、その前の關淳一市長の頃から。スーツをもらっているとか。

――スーツの件は覚えています。胸ポケットの外ぶたに「大阪シティ」って文字が刺繍されていて、ポケットの内側に折り込めばただのスーツにしか見えないとかで、大阪市の職員は制服じゃなくてスーツをもらえるのかとバッシングのシンボルのようになりました。

職務以外の、本筋とは関係ないことをマスコミが取り上げだして、公務員は楽をして、いい目をしているというイメージが広がったんやね。

――そう思っていました。

なんでやねんな。あんたらは若いから知らんかもしれへんけど、昔は、公務員は安定しているけれど給料は安いってイメージが一般的やったんや。

――安かったんですか？

公務員の給料は変わってへん。

――何が変わったんですか？

理由は明快なことで、公務員以外の民間の給料が安くなりすぎたんや。だから公務員の給料が高く見えるだけの話。そのシンプルな現状に気づかずにマスコミに踊らされて、みんな公務員は楽して高給をもらっていると思うんやね。

――本当は違うんですか？

昔の労働者は必死で給料を上げる努力をしていたよ。国鉄の職員がストライキして給料を上げてくれって頑張るから上がった。民間も上げてくれたわけや。最近、ストライキなんてどこもしいひんからね。

――ストライキって発展途上国がするもので、先進国はしないものかと思っていました。

「なにを言うてんねん」って話ですよ。こないだも、フランスで年金の受給年齢が引き上げられるからいうて、反対する大規模なストをやってたやん。そのあとイギリスでも学校の先生が30万人規模のストを打ったよね。給料を上げるために闘うのは労働者の権利なんよ。それをしなくなってしまった。その結果、安く人を働かそうとする世の中になってしまった。

そんな世の中が新自由主義の正体や。シンプルに考えて、自由化とか規制緩和とかをやって、ほんまに国が豊かになったんか？　なってないよね。アメリカなんか見ているとわかるやんか。人手不足で給料が上がったら、物の値段も上がって、金利も上がっている。日本よりよっぽど健全やと思うよ。

国鉄や郵便局が民営化されたその後

――いまでも公務員はよく叩かれていますよね。

聞くところによると、プライベートのときは、公務員とか役所という言葉をださないように言い換えて話す公務員もいてるそうや。飲み屋へ行っても公務員であることがバレると肩身が狭いから隠しているそうやで。公務員ですって言うと、「いいですね、仕事は楽やし、給料はええし」って嫌みを言われる。せやから職員は自分の仕事を言わなくなった。

――橋下さんが大阪府知事になってから酷くなったんですね？

そう。火をつけたのが橋下徹なんや。彼が言うてることは、聞こえのええことだけを優先した議論なんや。ＯＥＣＤ加盟国の中で、全労働者に占める公務員の割合なんて日本は最下位。アメリカの３分の１しか公務員がいないのに、公務員が多い、ムダやなんてアホなことを言うているわけよ。公務員に生産性や採算性なんて必要ないのに平気で効率が悪い、人が多いって、聞こえのええことだけを言うわけ。

――でも生産性や効率は必要なんじゃないでしょうか？

ビジネスの世界ではそうやけど、教育とか福祉とか消防とか、生産性や効率で計ったらあかん仕事もあるんや。規制緩和を進めて日本はどうなった？

――かつての国鉄や郵便局は民営化されました。

国鉄民営化も郵政民営化もみんな政治家の選挙の道具にされただけやん。当時は国鉄や郵便局を悪く言って、敵にしたてて庶民の気持ちを自分に向けさせて選挙で勝利する。しかし民営化したＪＲや郵便局はどうなった？

――利益をあげる企業構造に改革できました。

ＪＲは利益を求めるあまり、採算のとれへん路線はどんどん本数を減らしたり、廃線にしていった。鉄道は人間で言えば血管みたいなもんや。血が通わんようになった細胞は死んでいく。線路がなくなった地方はますますさびれていってるやん。

――確かに。

郵便局もそうや。昔の郵便局員はおじいちゃん、おばあちゃんのことを考えてかんぽ生命保険を勧めていた。元気で長生きしいや。そのためにはこの保険がええでって、親身になって勧めていた。ところが民営化されてからはどうなった？　ノルマが課せられて、それをクリアするためにおじいちゃんやおばあちゃんを騙してまで販売するようになった。めちゃくちゃやん。それもこれも規制緩和して民営化したからや。

大阪が新型コロナの死亡率でワーストワンになった理由

――先ほど坂本社長は、大阪府はなんの対策もせんと通天閣の色を変えるだけっておっしゃいましたけど、吉村知事は寝不足の目で、各局のテレビにでて一生懸命現状を訴えていたように思うのですが。

吉村知事がテレビになんぼでてもコロナ禍はおさまらんよね。テレビにでる時間があったら対策を真剣に考えたらええのにテレビにでまくる。シンプルに考えたら、そこにはそんなパフォーマンスでもするしかない何かがあるって誰でもわかるよね。

――そんなうがった見方をしなくても。

何言うてんねんな。実際に大阪のコロナ対策は酷いもんやった。死者数の累計は、人口の多い東京より多いんやで。つまり、大阪は群を抜いてワーストワンなんや。

――えっ？

そんなことから目をそらしてもらわなあかんからテレビにでまくる。大阪がコロナの死亡率ワーストワンという不名誉な記録をだしてしまったのには理由がある。

――どうして大阪の死亡率が高いんですか？

なんでそんなことになったかと言うたら、保健師の数が異常に少ないからなんや。人口当たりの保健師の数は、全国でいちばん少ないのが神奈川県。大阪はその次くらい。でも大阪だけ突出して死者をだしているのは、それに付随する職員が極端に少ないから。だから元々少ない保健師が電話対応とか本来の業務外のことをやっているわけよ。公務員を切りまくったそのツケがコロナの死亡率となってはっきりでてきているんや。

――公務員バッシングの影響がコロナ禍で現れたのですね。

大阪でこれだけコロナで死んでいるのは、人災に思えて仕方がない。何を切って、何をしたかってことをよくよく考えると、大阪維新の会がしたことは罪が重いよ。

――いまでも減らし続けているんですか？

役所の人を減らしまくってどうなったかというと、重労働で鬱になった公務員がものすごく増えたんやね。それで流石に減らすのを控えるようになった。鬱の人が増えたから減らすのは止めたけど、府民には役所の中の実態は伝わっていないし、公務員が鬱になっても知ったことではない。だから数字だけを見て、大阪維新の会は最適人数まで減らしてくれたと思っている人は多いと思うよ。

――コロナの死亡率の原因がこんなところにあったとは。

大阪維新の会が公務員を減らすことを断行して、その結果、鬱が増えて、役所の効率が悪くなったから減らすのを止めた。人生でも余白がないととんでもないことになるやん。効率を極限まで追求した結果、余白がなくなってしまったこと。その結果としてコロナの死亡率がワーストワンまでになってしまったこと。生産性や効率と言いながら、大阪維新の会は逆に効率の悪いことをしたことになるんやね。

——逆に効率が悪い？　具体的に教えてください。

職員を1割くらいしか減らしていないのにコロナでこれだけ多くの死者をだしたっちゅうことやね。アホな経営者が最適化を求め過ぎて大事故を起こすみたいなもんや。

——でも役所はそんなところであってはいけないはずです。

そうやねん。みんなが貧乏になると公務員がええようにみえる。それをうまいこと仮想敵にみなして府民の気持ちを自分へ向けさせる。でも実際は人気取りのパフォーマンス。その結果、万が一の時に大損害を被る。それがコロナ禍できっちり露呈したわけやね。それを隠さなあかんから吉村知事はテレビへでまくったんや。

――胸にEXPO2025のマークを掲げて。

どうせやったら宣伝しておこうという浅はかな魂胆やね。そこに大阪維新の会のすべてが象徴されると思うよ。他のことで言えば、大阪維新の会は公立学校を17校も閉めてしまった。その代わりに何をしたかといえば、東商業を閉校にした跡地にはタワーマンションとスーパーマーケットができた。市岡商業の跡地も売りに出されるらしい。商いに興味がないのか、商業高校狙い撃ちや。そういえば、市立松原病院も閉鎖になって、その跡にショッピングモールができたな。マンションやスーパーばっかり増やさんと、もっと学校や病院を大切にしろと言いたい。

――あきれた話です。

僕は大阪維新の会の何が嫌いかって、教育に口だしし過ぎることなんや。酷いのは、隣近所の学校でクラブは1つにしろとかね、大きなお世話や。僕なんか隣の学校とは競い合うものやと思ってた。1つにするもんやあらへん。

――確かに競い合いましたよね。

普通に考えておかしいのに、誰もおかしいって言わへん。テレビにでまくっているから頑張ってはると思い込んでしまう。メディアは民主主義のインフラっていう意見があるけど、大阪維新の会のやり口を顧みると、逆にその意見にうなずいてしまうわ。

第2章

大阪IR・カジノが実現すれば地盤は沈む。大阪の夢も希望も沈んでいく

大阪の道路の白線はかすれて薄いという事実

——大阪では２０２５年に此花区の夢洲で万国博覧会が開催されます。同じ夢洲ではカジノ計画も進んでいます。大阪の経済活性化の起爆剤になると期待されていますね。

なにが活性化やという話やね。期待しているのは大阪維新の会周辺にいるお友だち企業だけちゃうかな。

——どうしてですか？

大阪万博にしろ、カジノ計画にしろ、大阪維新の会はなんてばかばかしいことしているんやと怒りたくなるわ。さっきも言ったけど、コロナ禍になって、大阪でこんなに死者がでたというのは、病人に対処する人が大阪はまったく足りていないからなんやね。

——さきほどおっしゃっていた、役所の職員が足りなくて、現役の保健師が電話の対応までしなければいけない状況ということですね。

現場がパニックになって、手がまわらなくて、助かる命も助からなくなったわけ。シンプルに考えて、人が死にまくる街の経済がええわけないよね。熱中症でいえば東京23区より大阪のほうが人口当たりの死者は多い。人が死にまくる街って誰も安心して働かれへん。それに。

――まだありますか？

僕らはバスやタクシーの会社やから身をもってわかることがいっぱいあって、たとえば道路に白線があるやろ。あれ、大阪だけかすれて消えかかってるんや。一旦停止の白線が見えへんようになっているから事故が増える。おちおちと歩いていられへん。

――本当ですか？

よう見てみたらええ。兵庫県に入っただけで急に濃くなるんや。

――どうしてですか？

それだけ放置しているってことやないかな。たとえば、それまで3年で塗り替えていたのを、３年６ヵ月に延ばしたらどうなる？

――でも6ヵ月だけでしょ

何言うてんねんな。車の往来の激しい所の６ヵ月の劣化はすごいんやで。それに「止まれ」という白線が薄なったり、消えかかった結果どうなったかというと、交通事故死が日本で一番多い都道府県になってしまった。

――たかが白線ですけど、言われてみたら交通安全にとっては重要です。

それだけやない。街路樹なんか乱暴な切られ方をしているわけよ。美しい切られ方ではなく真ん中でボンと切られたりとか。舗道の雑草も伸び放題のところがぎょうさんあるわ。

――言われてみれば……。

重要性を考慮しないで生産性だけを考えるのが大阪維新の会なんや。しかも、生産性を言いながら非生産的なことを繰り返す。

――はい。

本当にセコいことするわ。それは公用車でタバコ吸いに行くセコさと一緒。サウナ行くのと一緒。もうセコいよ、してることが。その一方で、相変わらず議員の数を減らせとボケたこと言うてね。

――身を切る改革とかね。

なんかクオカード配ったり、米配ったりしようとしているやん。でもその大半は国の地方創生推進交付金なんやけど、いかにも大阪維新の会やからできたみたいなこと言うやろ。大阪維新の会やからできたいう太鼓判みたいなマークのついたチラシを配ってみたり。それ、ちゃうやろって。国の交付金やろうって。それを自分の手柄のように言う。そのセコさが嫌やね。

空から自動車の部品が落ちてくる

――そんなことまでして浮かした金で大阪維新の会は何をしようとしているのですか?

それは大きな問題やね。大阪維新の会はこれまで大阪の財産を売りまくってきてん。大阪市立の高校22校がただで府立高校へ勝手に変えられたりとか、土地ごとやで。22校全部の土地・建物の台帳価格は1500億円になるそうや。市場価格はもっと高いやろね。それをタダで大阪府に譲ったんやで。大阪市大病院なんて、これまで大阪市がどれだけ金をつっこんできたか。それもいつの間にか他人のもんになってるんやからね。

――知りませんでした。

効率化や生産性という大義名分の下で、実は大阪の価値が目減りしていることを府民の方はあまり気づいていないのも問題。そんなことはアピールしないからね。

――知らせてほしいですね。

僕は住之江区に住んでいるから特にそう感じるのかもしれないいんやけど、世界的にみて、アマゾン倉庫とかへ若い子が入って働いている光景って日本だけちゃうかな。海外ではあれは移民の人の仕事ですよ。ええかどうかは別として、それが現実や。

一方で、建築現場へ行ったら給料補助してもらった外国人が技能実習生という肩書きで現場を仕切りだしている。日本の若い子が学ぶ場、働く場をどんどん奪われている。市民、国民に金をちゃんと使ってこなかったツケがどんどんまわってきてる気がするね。日本の大学生は卒業と同時に「奨学金返済」という大きな借金を背負わされるけど、アメリカでは奨学金は返さなくてもええようになっている。かつては「優秀な社会主義」

といわれた日本のええところがどんどん崩れていってるのは残念やね。

――若い人の夢が奪われてますね。

まだあるで。何を言うかと思ったら、議員を減らすって。減らせば金がかからへんからええことや、身を切る改革や言うんやね。議会制民主主義やのに、議員減らしたら少数意見が通らんようになるのは当たり前や。そんなアホなことがまかり通るわけやね。シンプルに考えたらええのに。自分の意見が通らへんようになったら金持ち優遇になるに決まっているやん。大阪万博をするより、人が死なない街にしたほうがよっぽどええはずや。

――身を切る改革って、政治家ではなく庶民の身を切る改革かもしれないですね。

おっ、ちょっとわかってきたやん。それに大阪維新の会は、海も自分のもんやと思っているからトリチウムばらまきに大阪湾へもってこいと言うわけよ。空も自分のもんやと思っているからオスプレイを飛ばすって平気で言う。大阪万博では空飛ぶ自動車を飛ばすって簡単に言う。

――夢があります。

どこがやねんな。一生懸命働いて高層マンションを買って、見晴らしのええところに住めるようになったと思っていたら、いつ、その窓に空飛ぶ自動車が突っ込んでくるかわからんねんで。飛行中に空から部品が落ちてこない保証もない。

――おちおち歩けなくなるという。

そうや。そんな怖い世の中ってあるか？　庶民はそんなことをおかしいと思わなあかんわ。

――どうして思わないのでしょう？

自分は「勝ち組」やと思っているんかな。そのくせ金がまわらへんから、健康保険が高いのは透析を受ける患者が多いからと思ってしまうわけ。大阪維新の会はそんな分断をうまく利用して、聞こえのええことだけ言うよね。

――だけど大阪維新の会は大阪のおばちゃんだけでなく、企業の若い社長さんにも人気なんですよね。

それはある。自分がベンチャー企業人であったり、いけてる仕事をしようと必死になっている人たちの間で大阪維新の会は人気があるんやね。僕の知り合いも、「坂本社長は大阪維新の会を嫌いやけど、オレはええと思うけど」っていう人はいるよ。そんな人に限って、自分はいけてる経営者みたいな感じで、僕を啓発してくる（笑）。

――坂本社長を啓発するなんて、ムダな労力を使う人ですね（笑）。

元々は都構想、大阪万博、カジノは一緒に実現する計画だった

――ですが、大阪万博が開催されたら海外からも人がたくさんやってきて坂本社長のようなバスやタクシーの会社は儲かるんじゃないですか？

それはよく言われるけど、半年儲かればええんかということですよ。自分のことだけを考えていたらええんかということですよ。思うねんけど、ここ30年、40年、日本は万博・五輪中毒ちゃうかな。

――ずっと招致をどこかの都市がやってました。

そんなことに金を使うよりちゃんと産業に投資するほうが未来の大阪のためになるのにね。テスラなんて製造業やで。バッテリー1個から自社生産ですよ。なんでそんなことができるかといえば、州が死ぬほど金を突っ込んでいるから。打ち上げ花火のような半年間の祭りになんか金を使わへん。大阪なんかどんどん会社がなくなっているのにア

ホちゃうかと思うわ。

——1970年の大阪万博の栄華を忘れられないというか、夢よもう一度というところが多分にあるんでしょうか?

でも時代はそんなノスタルジーを跡形もなく奪うほど進んでいるよね。そのいい例が2021年の東京オリンピックですよ。まったく盛り上がらず、経済も活性化せず、不正ばかりが目につく。このままいけば2025年の大阪万博もその二の舞になるよ。

——絶対にないとは言い切れませんね。

都構想にしろ、大阪万博にしろ、カジノにしろ、せんでええ議論ばかりやってるわ。半年しかせんイベントがそんなに重要か? それやのに吉村知事は、コロナ禍で大変なとき、胸にEXPO2025のマークを掲げてテレビにでまくっている。めちゃくちゃなことがまかり通る世の中になって怖いよね。カジノ計画もそう。本当にできると思っているんかね。元々は電車を3本走らせるというのが、万博に間に合うのは地下鉄1本だけ。道路も結局は1本になった。そんな不便なところで誰が来て、何をするんやって思うよ。

――元々は、確か、2025年に大阪万博とカジノを同時にやり遂げるという計画でしたよね。

それがどんどん失敗しているんや。そもそも論で言えば、大阪万博とカジノは一緒に開催するから民間資本の投資が得られる計算なのに、開催もバラバラになってしまった。大阪万博は2025年に開催せなあかんし、カジノは承認を得たとしても最短で2029年の開催になってしまう。

――一石二鳥の投資効果なんて、もうどこにもないということですね。

同時に行うから相乗効果があって、開発もセットで行うことで費用も抑えることができてプラスになるという、まあ無茶で強引な計算やったんやね。今はもう万博は2025年にしなければあかん。カジノは2029年の計画やから4年のブランクがあるわけですよ。

——当初のコスパとは違ってきますよね。

どんどん大阪市や国の公金が使われていく

あとは公金でズブズブに行くしかないことは子どもでもわかるよね。実際にどんどん公金がつぎ込まれている。たとえば大阪市や阪神高速道路公団が建設を進めている「淀川左岸線」。

――また阪神高速が増えるんですか？

元々は２０２６年度末の開通予定が遅れに遅れて8年遅れになるという発表があった。事業費も当初の１１６２億円から約２９００億円と約2・5倍に膨れ上がるというんやね。夢洲の土地が緩いがゆえに約２９００億円もの大阪市と国の金が使われる。夢洲でせえへんかったらそんな公金を使わんでええねん。その金を大阪市民の数でわったら一人あたま8万円くらいになる。赤ちゃんも含めてな。万博もカジノもしなかったら、市民にひとり8万円配ることもできるんや。４人家族やったら32万円やで。

――4人家族だったら32万円！　淀川左岸線より大阪の活性化につながりそう。

阪神高速もやけど、地下鉄も問題や。大阪万博で開通させた地下鉄はその後、カジノ開催までの4年間、誰が乗るんや。空気を乗せて走らせるんかという話ですよ。その赤字は誰の金で補うのか、結局、大阪市民の税金が使われることになるんや。

――認めたくはありませんが、そうなるんでしょうね。

そうなるよ。コロナ禍で大阪市民がどんどん死んでいるのに。本当ならその命を守るためのお金がつぎ込まれていたはずやと考えたら、市民にとってこんな不幸なことはないよね。

――不幸以外の何ものでもありません。

そんな街に誰が住みたいと思う? もう、大阪維新の会のもくろみがどんどん崩れていっているよね。それやったら計画を白紙にしたらええのに、それもせえへん。だいたい今どき誰が負けにカジノへ行きますか?

――どうして止めないのでしょうか?

信念でも何でもない。なんで強引に進めるんかなと考えると、引き返されへん理由があるとしか思えんわ。誰かの金儲けのためとかね。なんで吉村知事は年中ミズノのマーク入ったジャンパーきて、ＥＸＰＯ２０２５のマークを胸に掲げてメディアの前にでるんやってことやね。なんで万博が始まる前からミズノ着てるんか、シンプルに考えておかしいよね。

――そうですね。

せやからカジノについては、計画の段階でもう一度、しっかり検証すべきよ。ほんまに公金を使わずにできるんか。それが大阪経済の活性化につながるんか。シンプルに考えたら、カジノなんて大阪の金儲けにもならんし、そこに夢も希望もないわけですよ。そもそも夢洲という特殊な土地のうえに大きな建物が建つのかという問題もあるんや。

――どういうことですか？

黒字化するのは30年後。民間では考えられない事業計画

夢洲は軟弱地盤やから、建物を建てればどんどん沈んでいく。元々はゴミを埋め立ててできた所やから想像を超える軟弱地盤なんや。金をいくら突っ込んでも、そう簡単には地盤沈下は止まらんらしい。

――どうして大阪維新の会は地盤のことをちゃんと言わないのでしょう?

まずいことがたくさんあるからやろな。たとえば、いま言った地盤沈下の対策をせなあかん。それをしなければカジノ事業者が納得しないからする。ただその費用が莫大で、それを行うと30年は利益がでないという計算になってくる。つまり大阪維新の会のカジノ計画は30年も続けることが前提なんや。30年も時間をかけなければ黒字化しない事業って、そもそも進める価値があるのってことですよ。

――びっくりですね。

大阪維新の会のもくろみが浅すぎて、当初から専門家は止めておけって言うてんのに、聞く耳を持たずに突っ走って、ここにきてメッキがどんどん剥がれてきているのが現状やね。でもそのメッキを剥がれないようにするのにとんでもない額の公金を使うことが決まったのが大阪の不幸。すでに２６９７億円の公金を使うことを決めているわけやから。実は４０００億円を超えるという話もある。

――税金をそんなに使うのですか？　カジノに公金は使わないという計画だと思っていました。

だからカジノ反対と怒っている大阪の人の反対理由のひとつが、公金をつぎ込んでいることなんや。２０２２年10月現在、大阪市が２６９７億円の公金負担することになっている。内訳はインフラ整備費１１１９億円と夢洲土壌改良費１５７８億円。半分以上が土壌対策やね。

――夢洲は埋立地ですからね。

それもゴミとヘドロの島や。だから土地を掘っていくと汚染物質がでてくる。当たり前や。廃棄物を埋め立てていた島やからね。それ以外に問題なのが液状化と地盤沈下。埋立地やから地盤が軟弱というのはある意味、当たり前のことなんやけど、問題は大規模施設を建てるにはほど遠い軟弱さということ。

――ということは補強が必要だと。

怖いのはいくらでも沈んでいく可能性があるということ。つまりやね、公金の額が青天井に膨らんでいく可能性があることなんや。軟弱地盤の対策に金がかかることもあるけれど、さらに地震がきたらどうするのという問題に現時点で明快な解答はないんやね。

――南海トラフ地震が心配されています。

地震に関しては、大阪万博なら半年で終わる事業やからええやろうという意見もあるけど、じゃあ半年のイベントために大切な公金をそんなにたくさんつぎ込んでいいのかという問題は解決せえへん。また、カジノの場合は30年計画で収支を黒字化するという無謀な計画やから、その30年間に南海トラフ地震が起こることを想定しとかなあかんのに、そのことはうやむやで、カジノ事業者さえ見て見ぬ振りをしているらしい。

夢洲の土壌は想像以上に軟弱だった

――そもそも夢洲は埋立地だから軟弱ということは想像がつきますが、関西国際空港のように埋め立てたところで30年近く稼働しているところはあります。夢洲の土壌はそんなに軟弱なんですか？

土壌の専門家が２０２０年に夢洲について論文を発表してるんやね。夢洲の土壌を分解すると、地下に埋立層があって、その下に沖積粘土層がある。粘土やから緩いんやけど、一番の問題は液状化する要素が多分にあることなんや。1層目が20メートル以上の厚さで分布している軟弱な沖積粘土層（図3）。地震がきたら増幅されて激しく揺れるために構造物の多くは損傷する恐れがあると論文には明記されている。

――怖い話ですね。

さらにもう1つ、その下の古い洪積粘土層のN値が4から5で超軟弱であると書かれているんや。

――N値って何ですか？

地盤の硬さを表す値で、同じ力で杭を打ったときに30センチ沈むのに何回打てばいいかという指標らしい。マンションを建てるのに必要なN値は30～50。つまり、30回～50回打って初めて杭は30センチ沈む。そのくらいの硬さが必要というわけやね。それが夢洲は4から5なんやて。もうゆるゆるや。

図3　ボーリングによる夢洲地下の粘土層・砂層・砂礫層の分布

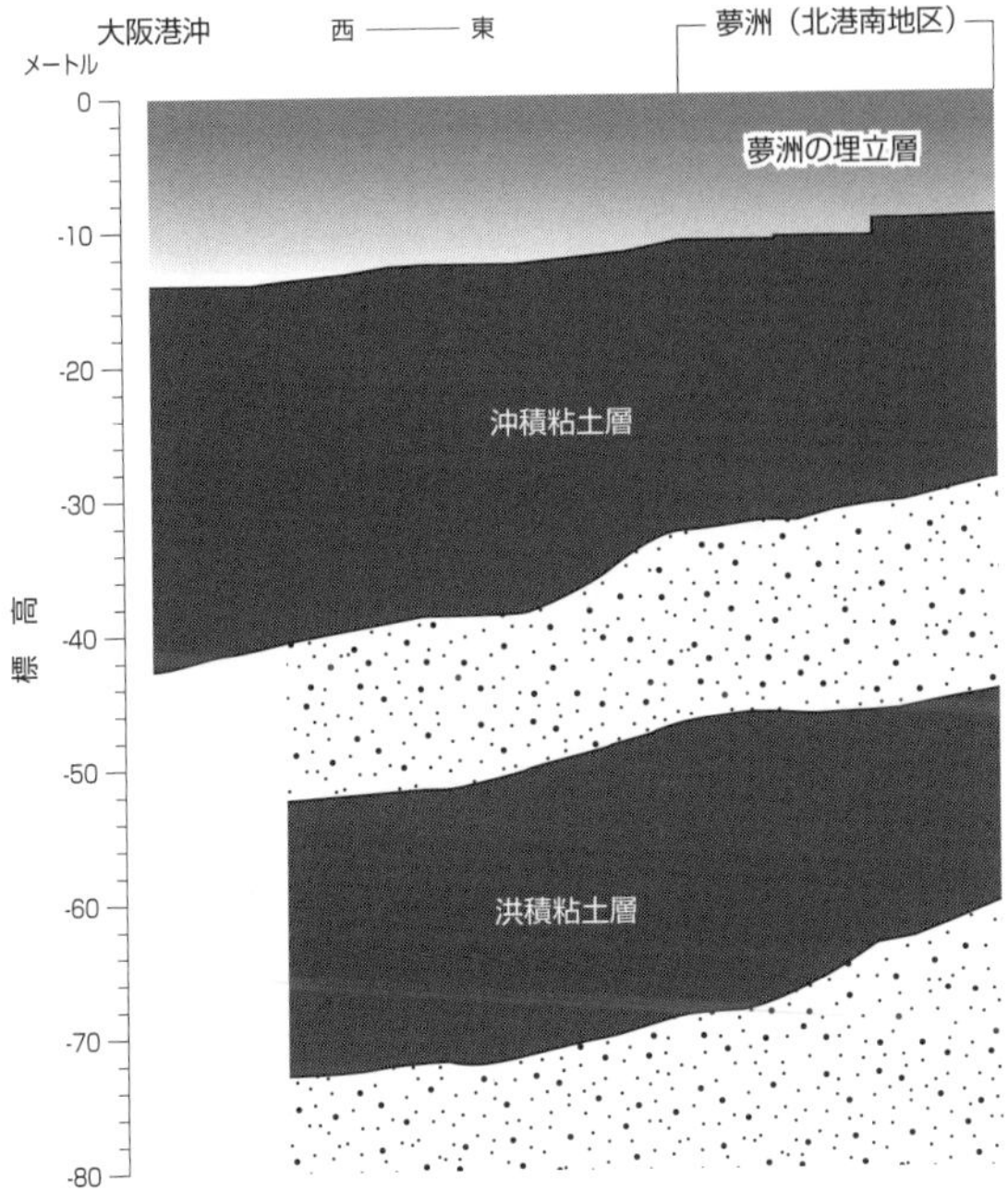

●沖積粘土層

軟弱な沖積粘土層が 20m 以上もの厚さで分布していることが報告されており、地震動が増幅され激しく揺れるため、**構造物の多くは損傷するおそれがある。**

●洪積粘土層

沖積粘土層の下位には古い洪積粘土層が分布し層厚が 10m を超えており、**N 値が 4 ～ 5 倍程度と軟弱。**

(市政研究 第 208 号〈2020 年夏号〉をもとに大石あきこ事務所作成)

――沖縄の辺野古の米軍基地の問題と同じ臭いがしますね。

1本8000万円とも1億円とも言われる杭をいくら打っても建物の安全は担保できないという大学教授もいてる。関西空港でさえいまだに沈んでいて、2018年9月の台風21号のときに水没したやんか。これとまったく同じか、これ以上のことが起こる土地やから学者や科学者は警鐘を鳴らしている。もちろんカジノ事業者も心配している。

――それはそうでしょう。彼らにとっては一大ビジネスですから。企業は自社のお金をみすみすドブに捨てるようなことはしません。

カジノ業者が独自にボウリング調査をしてその軟弱さを指摘している資料もあるんや。当初は隠匿されていたんやが、大阪市民が情報公開請求して明るみにでたんやね。1年前にIR推進局とカジノ事業者が話し合った結果を吉村知事に伝えるための資料やそうや。カジノ事業者自体が地盤に懸念を示していることがこれで明らかになった。

地盤を改良せよ。カジノ事業者が大阪市へ要求

——そもそもそんな土地で何か大きな事をしようというのが無茶です。私にもわかります。

そうやで。カジノ事業者はシビアや。液状化に関する事業者の意見としては、夢洲特有の軟弱地盤を踏まえると、建物構造側（杭補強等）では対応困難であり、そこでの大規模開発は、支持地盤（洪積層）が長期に沈下する極めて稀な地盤条件下での施設建設となるため、地盤沈下対策だけで複雑、かつ高難易度の技術検討が生じると言うてんねんな。さらにこのような地盤で液状化が生じた場合の建物への影響は未知であると、結構踏み込んだ意見をしている。

——液状化によって建物にどんな被害がでるかを検証するには、徹底した土壌調査をする必要がありますよね？

そう。だから地盤沈下・液状化の複合影響を建物構造側で抑止・抑制する方法（杭補

強等）では、確実な安全性を担保できない。つまり上物では対応は無理という結論になってるんやね。それでＩＲ事業の投資規模、大規模な施設群・集客性、超長期の確実な安心・安全確保等を踏まえると、液状化の危険のない土地にすることが必要とした上で、大規模集客施設・テーマパークとしての類似性がある東京ディズニーランド・ディズニーシーでの液状化対策を事例として挙げているんやけど、やはりあちらは建設時に敷地全体を地盤改良（サンドコンパクション工法）をしたと書いてある。

結論として「万全な液状化対策が必要であり、大阪市で敷地全体の地盤改良を行った上で土地を引き渡す必要がある」と、事業者意見は締めくくっている。

——東京ディズニーランドは国や県の事業ではないので、液状化対策は開発業者側でしたんでしょうね？

そうやろね。ただ、ここのポイントは、東京ディズニーランドのようなことをあんたらがしなければあかんということをカジノ事業者が大阪市に言っていることやね。つまり「公金でやれよ」ということや。

——具体的に対応策は協議されているんですか？

ある議員に聞いたところ、夢洲の土壌対策については液状化と地盤沈下の2つにわけて対策を行っているそうで、液状化対策については2021年に最後の対策会議を行ったきりやそう。これも主な内容以外は隠匿されていて、液状化対策手法が決まっていませんということだけが確認されて終わってる。

——いちばん肝心なことが決まってないんですね。

その後、開かれたというアナウンスもないので、以後は放ったらかしになってるんやろね。地盤沈下の対策のための予測も同じ座長が別の研究会でやっているって聞いたけど、特に何のアクションもないそうや。

――酷い話というより怖い話ですね。

恐ろしくずさんな収支計画

収支計画もずさんで恐ろしい。ＵＳＪより人がくると見込んでいる。

――家族連れの多いＵＳＪより来場者が多い？

年間１６１０万人がカジノに来るから儲かるという計画なんや。しかし、ＵＳＪでも過去最高の年間来場者は１４００万人やで。そんだけの人数がカジノに来たらあふれるで。

――つまりＵＳＪより多くの来場者がくるという目論見なんですね？

夢洲の規模はラスベガスとは比べものにならんほど小さい。世界の富裕層がカジノ1軒しかない夢洲にわざわざ来るとほんまに思っているんかね。カジノに負けにくる人がUSJよりも多いわけないやん。世界に大王製紙の息子はそうおらんからね。試算計画だけとっても絶望的やね。せやから契約内容も公開しよれへん。そこを大阪市民も府民も怒っているんやね。

――**都合の悪いことはみんな隠匿する。やり方がセコいです。**

基本協定とかいうカジノ事業者と結んだ契約書が当初は非公開となっていたんやけど、最近になって一部公表した。したというよりせざるをえない状況に追い込まれたという表現のほうが正しいな。でもな、その基本協定のもとに基本合意書という、3つの契約が交わされているんやけど、そのすべて隠匿。土壌問題についてカジノ事業者と大阪市のどちらが負担するか、そんなことにかかわる契約書がすべて隠匿されたまんまなんや。

――隠匿すること自体、何かマズイことがあることを暗示していますよね。

まさに民意の無視。カジノ事業は住民合意が必須事項になっているんやけど、住民投票して決めようとたくさんの署名が集まったにもかかわらず、吉村知事というか、大阪維新の会と公明党が府議会で否決するという事態が7月末に起きた。これ自体、住民合意という必須事項の無視以外の何ものでもないわ。

――本当に怖くなってきました。

審査委員の中に土壌の専門家がいないという不安

カジノ事業は国策として推進するという法律が通っているんや。枠組みとしては日本全国で3ヵ所だけカジノをつくっていいという中で競争させる戦略やったけど、コロナ禍でカジノが一気に下火になってしまった。賢い自治体は見込みがないということで撤退していった。大阪と長崎だけが突っ走っている現状やね。２０２３年２月現在で、国はまだどこにもゴーサインをだしてない。２つの地域の計画を見て、認証するかどうかの審査をしている最中や。ただ２０２２年の年末におかしなことが起こった。

――何ですか？

日本維新の会の代表の馬場伸幸が１月には何らかの動きあると口をすべらせよった。

――それがどうしておかしなことなんですか？

国の審査は非公開や。それやのに何らかの動きがあるってなんで馬場は知ってるんや。おかしいやろ。情報が漏れてるって大騒ぎになった。

――ズブズブの関係だとか。

あと国の審査でもおかしいところがあって、夢洲の場合、認証するかどうかのカギを握るのは土壌の問題やのに、国の審査委員に土壌の専門家がおらんことなんや。

——土壌の専門家がいない？

それはある意味当たり前のことで、土壌問題なんて基礎の基礎、強固な土地の上に建てるのが当たり前やからそんなことを審査する必要なんてそもそもないのよ。専門家が必要という段階でおかしな話やとなるわけよ。れいわ新選組の大石あきこ衆議院議員が国会で、審査する人に土壌の専門家がいないのはおかしいと詰め寄った。

——国はどう答えたのですか？

なんだかんだあった挙げ句、2022年11月の内閣委員会で土木の専門家ですと、武蔵野大学の山内弘隆教授の名を挙げたそうや。ただこの人は交通経営学の専門家で、新自由主義のライドシェアなど、民営化手法を使ったり、法律的に人を安く働かせてみたいな、交通の専門家。

――土壌とか地盤とか関係ない人ということですね？

ところが交通とは土木分野なので、土木の専門家だと国が嘘までつきはじめてるんやね。

――審査委員に土壌の専門家がいないという指摘は、国にとっても痛いところを突かれたのかもしれません。

山内という人が専門家やったら、なんかあったらあんたが責任をとるんやなと訴えたいよね。この罪は重いぞと。大阪を泥船に沈める最後のお墨付きを与えるのはあんたなんやでと言いたいわ。

夢洲のカジノは巨大なパチンコ店になる

――カジノの反対理由に依存症の問題があります。

吉村知事は、ええかっこして、テレビカメラに向かって、「依存症対策を」とドヤ顔で言ってるけど、カジノをやらんのが一番の依存症対策や。

――確かに。

夢洲のカジノの隠れた問題としてスロットマシーンというか、パチスロ（パチンコ型スロットマシーン）が大量に設置されることを挙げる人も多いんやね。

――パチスロってパチンコ店によく置いてあるあの機械ですか？

そう。

――カジノってルーレットとかバカラとかそんなイメージがありました。

夢洲はなんでか知らんけどスロットマシーンがメインになるそうなんや。

――じゃ負けても損害はそれほどでもないことに。

逆や。日本のパチスロはアニメやテレビゲームを題材にしたものが多く、アニメ好きの若い人たちがぎょうさんお金を使うということや。さらにパチンコ台は期限になると入れ替えられ、それまでの台が戻ってくることはない。でもそれぞれのパチスロには固定客がついているから撤去された台を探して違法パチスロへ行くんや。

――夢洲のスロットマシーンに設置期限は?

ないはずや。

――つまりパチスロファンが押し寄せる可能性があるということですね。

海外のカジノにあるスロットマシーンは単調で、ボタンを押したら勝手に止まる。その点、日本のメーカーのパチスロはいろいろな演出がある。音や光で洗脳する。そんなパチスロが６４００台も設置されるそうや。

——普通のパチンコ店で何台くらいですか？

大きなパチンコ店でも１軒で２５００台くらいと言われている。つまり夢洲に大阪で一番大きなパチンコ店ができるというても過言ではない。

——夢洲のカジノは巨大なパチンコ店？

大阪維新の会は海外からの客を多く見込んでいるそうやけど、たとえば中国の富裕層を呼んでお金を使ってもらうと考えてるんやったら、それ相応のカジノにせなあかん。お金を持っている人は世界のどこのカジノにも行けるから、カジノ１軒しかない夢洲に来るはずがないことは子どもでもわかるわな。

――はい。

ということは、狙いは国内のパチスロ好きちゃうかということになる。

――なるほど。

パチンコのコイン1枚は20円くらいや。1回ゲームをするのに4秒かかるようになっているそう。パチンコの玉も1分間に100発以上でないように規制がかかっててんねんな。カジノの場合は今のところそんな規制はないんや。今後カジノ委員会で決められるかもしれんけど、たとえば1回ゲームをやるのに1秒とか、1回かける金額も1万円とかになったら完全に廃人続出やろな。パチスロ好きな人にその話をしたら依存症にならない自信はないと言うてたわ。

――貧しくなっている日本人の金を巻き上げるだけでしたら、大阪経済の活性化につながるとはとても思えません。

本当の恐ろしさは、大阪を犯罪の匂いのする街にすること

僕は基本的にカジノに反対。そもそも現実的に無理ちがいますか？　カジノにしても77兆円張ってもらわな勘定があえへんねんからね。それよりもカジノは悪い人にメリットがあるんちゃうかと思えてくるよね。

――悪い人？　アメリカのギャング映画のように、ギャングの巣窟になるとかですか？

カジノは賭場やから、本当は金持ちから唯一金を巻き上げることができる方法やけど、問題は誰が好き好んで負けにくるかってことやね。海外からぎょうさん負けに来てくれるって計算してはるらしいけど、さっきも言ったように巨大なパチンコ店のようなところに世界の富裕層が大挙してやってくるとは思われへん。それより問題なのは華やかなイメージの裏に大きな負のダメージが隠されていることや。

——具体的にどういうことですか？

集まってくるのは大富豪だけやないからね。元々カジノという場は、悪いことして儲けた金の資金洗浄をしに来る場でもあったのに、大阪維新の会はそれは一切言わへんよね。ええことを言うんやったら、悪い部分やリスクもきっちり言わなあかん。

——悪いことして儲けた金の資金洗浄をしに来る場？　具体的にはどういうことですか？

マネーロンダリングって言葉を聞いたことがあるやろ。たとえばオレオレ詐欺で1億稼いだヤツが全額をコインに変える。そのうち1千万だけ使って、残りを現金に戻すんや。そういう汚いお金をきれいなお金に換えることがカジノはできるんや。ましてや換金したコインの1千万でもし勝ったとしたら、そいつらの資金をさらに増やしてしまうことになる。

——ゲッ？　ギャンブルをする人だけが集まるんじゃないということですね。

アンダーグラウンドマネーや犯罪者が集まってくるというのが大きなリスク。そこをみんな考えへんとあかんよね。大阪維新の会の計画では人がぎょうさん集まってくることになっているよね。USJより多く集まるって書いている。そこからもう嘘やのに、万が一そんなに来たとしたら資金洗浄に来てるヤツもぎょうさんおることになる。そんな怖い街に住まれへんよ。

――おっしゃるとおりです。

カジノと地下経済、アンダーグラウンドビジネスはセットやから。アメリカでもカジノがマフィアの資金源になっていたというのは周知の事実で、ラスベガスも長い年月をかけていろんな形で規制をしてきた。韓国もソウルや済州島などにカジノはあるけど、外国人旅行者しか入られへんからね。ところが日本にはそんな規制をする土壌はできてない。そんな犯罪者たちにどんな対策をとっていくのか、ラスベガスのような規制を取るのか、そのあたりの話はまったく聞こえてけえへんからね。

――確かに。

カジノ事業者は収支の帳尻を合わせるために、マネーロンダリングの手数料なんかもあてこんでいると思うよ。だからってそんなんを許したら、大阪はたちまち資金洗浄の街になってしまって、こんな危険なことはない。公金はどんどんつぎ込まれる。黒字化するのは30年も先。その間にどんどん悪いヤツらが大阪へやってきて資金洗浄をする。これのどこに夢があるの？　希望があるの？　それなのにカジノは大阪の経済活性化の起爆剤になるって言いまくる大阪維新の会。

――私もそう思い込んでいました。

カジノに夢なんてないよ。カジノって負けるところやからね。誰が負けるために飛行機に乗ってやってくんねん。それともうひとつ、大阪のカジノの恐ろしい問題は、賭場を開帳してるヤツが金貸しできる怖さや。貸した債権を売れるって怖さ。シンプルにいえばパチンコ台の横にクレジットカードの機械があるようなもん。パチンコ台の横にそんな機械があったらどういうことになるか目に見えてるよね。

――負けを取り返そうとお金を借りますよね。

50人にひとりの計算でギャンブル依存症になると指摘する人もおる。

――本当ですか？

つまり我々の身近な人の誰かがギャンブル依存症になる可能性があるということやで。

――怖いです。

シンプルに考えたらわかるやん。負け込んで、頭に血のぼってカッカしているヤツが目の前にクレジットカードの機械があったら、ちょっとだけ借りて負けを取り返そうとするよね。またたくまにハマッてしまうヤツ、自己破産するヤツがでてきますよ。それが金貸しが賭場を運営する恐ろしさなんやけど、大阪維新の会は依存症対策やりますって、口先だけのアホなことを言うだけなんやね。

――夢なんてどこにもないですよね。

悪夢しかないんや。日本人が来たら来たで依存症が増えてしまう。来なかったら犯罪者もどきの資金洗浄をあてにせなあかん。

――先ほどの坂本社長の言葉ではありませんが、カジノさえつくらなければそんな不幸な目にあう人もなく、依存症対策すら必要でなくなります。

大阪IR株式会社に名を連ねているお友だち企業が儲かる仕組み

その他にもいろいろ問題があると思っていて、必ず不正が起こるよ。どこかが中抜きしよる。そんな匂いがプンプンする。

――東京オリンピックと同じようなことが起こるということですか？

東京オリンピックのとき、日給1万2千円で雇った人を国に売るときは25万円だとか35万円って、竹中平蔵が関係しているパソナが酷いことやっている。それはもう中抜きとはいえんレベルやからね。元電通の高橋治之は莫大な斡旋料を懐にいれよった。そんなことが必ず起こるよ。庶民は公金を使われて、お友だち企業だけがええ目を見る。

――たとえば？

たとえば基本協定を精査すると「公共インフラ整備等による本件工事に関する制限が、

設置運営事業の投資リターンに著しい悪影響を与える恐れがないこと」という一文があるんや。

――それはどう意味ですか？

つまり大阪ＩＲ株式会社によって「儲からない見通しだったら、税金で公共インフラをどんどん整備しろ」という条件をつきつけられているということや。

――先ほど坂本社長が、2697億円の公金負担することになって、その内、インフラ整備費1119億円とおっしゃっていました。それのことですね。

問題はそれだけにとどまれへん可能性があることなんや。「公共インフラ整備等」とは道路、上下水道、電力、ガスなどで、公共のインフラだけやと思いがちなんやけど、民間のインフラも含まれているんや。カジノ事業者が「カジノにはもっと通信網が必要だ」とか言いだすと……。

――大阪市は認めなくてはならなくなる。

そうや。結局、大阪ＩＲ株式会社に名を連ねている関西電力やＮＴＴなどが儲かることになる。何が大阪の経済活性化の起爆剤なんや。大阪維新の会の周辺のお友だち企業だけがええ目をするだけや。大阪の市民、府民はそろそろ目を覚ましたほうがええと思うよ。

第3章

クリエイティブ・クラス論は、庶民を本当にしあわせにするのか?

子どもに米10キロを配る。それは誰の支援か？

――坂本社長の反維新の姿勢はよくわかりました。でも大阪維新の会は人気ですよね。

大阪の人も、大阪以外の人も考えへんようになったよね。ちょっと考えたらおかしいと思うのに考えへん。そのくせうすうすおかしいと感じているから「ＮＨＫをぶっ壊せ」なんて言うヤツの意見を鵜呑みにしてしまう。

――では、坂本社長に「ここが変だよ、大阪維新の会」というテーマで話していただきましょうか？

ええの？　なんぼでも言えんで。

――ほどほどに。

大阪から人の命も、仕事も、雇用もどんどん減っているのに、その対策をしてへん。

その事実から目をそらせようとするために万博や、カジノやと威勢のええことをぶちあげる。

——多額の公金が使われて、大阪の景気がよくなるどころか、さらに酷いことになりそうだということはよくわかりました。

そして統一地方選挙の前になったら、突然、各家庭に米を配るなんてことを言う。

——物価高対策として、府内の子どもに米10キロを配る支援のことですね。

あれ、2022年の11月の終わりに発表したんや。子どもがいる家庭がほんまに大変やと思うんやったら、3月と言わずにすぐに配ったらええのに。ほんまに大変なところはそれまでに死んでしまうで。

——確かに。

所得制限を設けないことも腹が立つよね。所得の低い家庭は助かると思うで。でも高級なタワーマンションに住んでる富裕層はそんな米いるか？　どんな米か知らんけど、美味い米を食べてるはずや。そんな人はうれしいはずがない。それやったら所得制限を設けて、低い家庭へその分をまわしたほうがよっぽど喜ばれると思う。

――子育て世代には助かります。

当初は現物支給という案やった。現時点（2023年1月）ではクーポン券の発行という案もあるそうや。もし現物支給やったら、その米は府内の農家の米なんかどうか説明してほしいわ。

――どういうことですか？

府外の米やったら大阪府の金がよそのところに使われるやん。

――大阪の農家の米やったら大阪の農家にお金がおりますものね。

府議会でも、そのことを問題視した府議が、その米は地元の米なのかとか、それで子どもたちがほんまに助かるのか、もっと議論しようとしたけれど、大阪維新の会と公明党が議論を取り止めにしたからうやむやのままなんや。

――議論すらしない？

そうなると、おかしいと思うよね。本当に子育て世代に米を配ることが目的なのか、誰かのために米を買い上げることが目的なんちゃうんかと思うよね。現に松原市には会社の壁一面に大阪維新の会のポスターを貼りまくっている食糧会社があるしな。もし、そこから買っているとしたら大問題や。

お友だち資本主義を止めさせよ

――大阪維新の会のお友だち企業だけがいい目をする。

結局、大阪維新の会の政治はお友だち資本主義と言いたくなるよね。僕はね、万博に関しては反対じゃない。ただ、ほんまにやるんやったら、東京オリンピックみたいなことないんですかっていうことを検証してからやらなあかんと思う。やってから実際の金の流れの資料や書類を捨てるような万博なんかはもういらん。

――はい。

今からでも遅くないから、夢洲はゴミ捨て場として置いといて、鶴見緑地か、それとも大東あたりにも緑地があるからそこでやったらええねん。または千里ニュータウンでもう一回やって、その後に再開発したほうがよっぽど後々のレガシーになるよ。夢洲にいくら公金を突っ込んでも負の遺産になるだけや。

――大阪万博はどんどん進んでいます。

あと、大阪は専決が多すぎるわ。

――専決って何ですか?

専決は、いちいち議会で議論して、了解をとってたら遅くなるから、緊急の課題は首長たちが独断で実施し、後から了解を取るという仕組みなんやね。その専決が増えれば増えるほど民主主義ではなくなるんや。王様みたいになっちゃうから。その専決が大阪は圧倒的に多いのも気に食わんわ。

――知りませんでした。

大阪維新の会は議員を減らせとも言うてるけど、議会制民主主義の国で議員を減らすということは、いろんな立場の声が届きにくくなるということやで。庶民は大阪維新の会に賛成する人ばかりやないんやで。いろいろ少数派がおるわけ。そんな声はどんどん無視されるよ。

――議員を減らすって良さそうに思うんですけどね。

大阪府の職員を減らすって声をあげたときと同じ手法。仮想の敵を作ったり、分断させ自分を優位に見せようとする、ナチスがよう使った手口やね。大阪府の職員を減らしたお陰で大阪はコロナ禍で死者が全国一になったことを忘れたらあかん。議員を減らしたら庶民の声が届けへん。ますます独裁国家ならぬ、独裁府になってしまう怖さがあるよね。

――さきほどおっしゃってた、小泉首相時代の郵政民営化みたいなことですね。

一見良さそうなことを言うわけよ。堺市長選挙を統一地方選挙と同じ日にする。そしたら1億円ほど費用が圧縮されますなんて、どの口が言うてんねんと思うよね。夢洲の補強のためにどれほど公金使ってんねん。それを1億円浮かすことをことさら大手柄のように、アホくさいわ。

メディアを恫喝し、萎縮させる

――メディアもその辺りのことをちゃんと報道してくれればと思いますが。

在阪のメディアはあかんわ。萎縮しまくってる。大阪維新の会は都合の悪いことを報道されるとすぐに記者を恫喝する。2022年の12月にもあったやん。MBSやったかな。夢洲の土地の鑑定額が低すぎる上に、入札額が3社同じやったなんて、宝くじ並みの確率のことが起こった。これって賃料を安くできるように談合的なことをやった疑いがあるって報道したんや。

――どうなりました?

松井市長が怒鳴ったんや。ＭＢＳの社長を呼んできて、謝罪しろって。談合があったかのようなイメージを広めたといってえらい剣幕で恫喝するわけやね。それをガンガンやられたらその記者もビビるけど、他の記者にも影響するよね。あんな目にあいたくないと思ったら、気に入られないことは報道せえへんようにしようってなるよね。

――社長を呼んでこいって、その記者の出世にも影響しますよね。

そんで橋下徹なんかは弁護士やからすぐ訴えるって脅すよね。裁判に慣れてない人は訴えられたらビビるよね。費用的にも時間的にも精神的にも負担が大きいし。そんなことをチラつかせるのも嫌やね。

著者自ら失敗と認めたクリエイティブ・クラス論

――当たり前のことが政治の世界ではどうしてできていないのでしょう?

いろいろ考えていくと、たとえばカジノは国が言い出した施策やろ。ある意味、外国の金持ちの需要を取り込むしかないという、せっぱつまった挙げ句の果ての国策。輸出を伸ばすことも国策だし、海外に工場を持つことも国策。そのひとつとして海外のお金持ちの金を呼び込んでくることがカジノだったり、豪華なホテルをいっぱい建てることでもあるんや。

――それはそれで必要なことだと思います。

大阪維新の会はそれに乗っかっていろいろやろうとしているんやね。しかも内容も吟味しないで、聞こえのいい言葉や考えだけを導入しているところがあって、そのいい例がクリエイティブ・クラス論を持ち出してきていることや。

――クリエイティブ・クラスって特権的な響きがありますね。どのような考えですか?

国の資料にも大阪の資料にもでてくる考えというか、ワードでね、海外のウォーターフロントにクリエイティブ・クラスの定着を目玉にした街をつくることがこれからの経済発展には必要という、アメリカの社会学者のリチャード・フロリダが提唱した考え。ずいぶんと前の考えなんやけどね。

――もう少し詳しく教えていただけませんか？

リチャード・フロリダがアメリカで『The Rise of Creative Class（邦題：クリエイティブ資本論―新たな経済階級の台頭）』を発表したんが２００２年。約20年前やね。その考えを取り入れて、大阪維新の会は「まちづくり方針２０２２」という、新大阪駅周辺地域の都市再生緊急整備地域計画にまとめているんや。クリエイティブ・クラスって投資家やったり、ベンチャー企業家のことを指すようなんやけど、そんなクリエイティブ層を招いた金融都市構想こそ、新大阪駅周辺の開発には必要だって主張のようやね。

――ずいぶんと前の考えと坂本社長はおっしゃいましたが、20年も前の考えなんですね。

そうなんや。リチャード・フロリダは2000年頃にアーティストや、流行に敏感な人、ハイテク労働者の流入がベイエリアのような場所で経済成長を引き起こしたと書いている。彼らの寛容性、柔軟性、および一貫性は、製造業の堅固な構造を解消し、アメリカはもちろん、イギリス、オーストラリアの都市開発にすごく影響を与えたと。

――はい。

でも、そんなことはないんや。

――どういうことですか？

そんな論を展開したリチャード・フロリダ本人が、2017年の著書でクリエイティブ・クラスに合わせた都市開発を検証したんやけど、自分は間違っていたと非を認めているんや。クリエイティブ・クラスの都市ができた結果、私たちの暮らしを窒息死させたと書いて、自分が間違っていたことを認めているんや。

「まちづくり方針2022」が実施されると地域の商店がどんどん淘汰される

――ちょっと待ってください。大阪は著者が自ら非を認めているそのクリエイティブ・クラス論の考えを取り入れようとしているんですよね？

そう。大阪府は「まちづくり方針２０２２」の中で、クリエイティブ・クラスの定着を提唱している。そういう人たちにカジノで豪遊していただきたいとか、そういう発想でいろんな都市計画を進めようと。

――それってカジノ招致と絡んでいそうですね。

カジノを実現させるための計画としか思えんわ。大阪維新の会は都構想を持ち出して、二度も失敗しているにもかかわらず、それでも広域一元化条例を制定した。内容を簡単に言えば、大阪市の都市計画の権限を大阪府にゆだねて、カジノでも何でも都市計画を考えるのは大阪府、金をだすのは大阪市という仕組み。その一環として大阪府が、一周遅れのクリエイティブ・クラス論に基づいて外国の金持ちの需要を取り込んで計画を立てたんやね。

元々は国が各自治体に申請させて、「都市再生緊急整備地域」に指定したエリアに、なんらかの補助とかインセンティブを与えるというもの。簡単にいえばそのエリアで民間のディベロッパーが土地を購入して、高層の建物を建築するならば規制緩和や税制優遇などの支援が受けられるという制度やね。

――それは国策?

各自治体はそんなに財政がええわけではないんで、国策にひっぱられてこういうものを申請するというのがほんまのところと思うわ。大阪維新の会も、一周遅れのものでもいいから詰め込んで、カタチにして手を挙げたんやろね。それも調子のええ言葉を並べて、どさくさにまぎれてカタチにした計画。しっかり検証してないから、もし実現したら中小企業が淘汰されてしまう可能性が多分にあるんや。

――それも具体的に教えてください。

運用マニュアルを読むと、ゴチャゴチャしたところをきれいにしましょうとなってる。しかしその過程で地域のスーパーや商店はどんどん淘汰されてしまうわけよ。今まで散々目にしてきた、再開発という名でその地域を小ぎれいにして、古いスーパーや商店を壊して小ぎれいな大規模スーパーにしてしまうことや。でもそれで本当に日本が豊かになるんか？　中小企業を淘汰せずに、多様性のある投資をする方法は他にもっとあると思うんや。

ライドシェアという終わったビジネスモデルをいまだに提唱

――なんでこんな一周遅れの考えを持ち出すのかが理解できません。

僕らタクシーの世界の「ライドシェア」と一緒や。カタカナやから聞こえはええけど、ライドシェアとは要するに白タクですよ。これも世界で一時は盛り上がりかけたけど、今はやはりあかんと下火になっているのに、大阪維新の会は「維新八策」でライドシェアをいまだに謳っている。

――ライドシェアって何ですか？

一定年齢を過ぎた人には白タクと言えばわかるけれど若い人には通じない。

――白いタクシーじゃないですよね。個人タクシー？

違うよ。ナンバープレートが白ナンバーやねん。無許可のタクシー。白地に緑のナンバーで、素人が運転しているから白タク。要するにウーバーイーツの、人を運ぶバージョン。一見便利そうに思えるけれど当事者意識で考えたらとんでもないよね。

自分の息子が小遣いほしさに誰かを乗せて稼ぐ。それはいいけれど、事故を起こしたらその補償はどうするのかとか、事故が起きて働かれへん身体になったら、誰が補償してくれるんかとか、何も考えへんのよ。ウーバーイーツで問題になっているけど、事故が起きても労災もでえへんし、車も弁償してくれへん。

――それをタクシーでやろうとしているんですね。

でもこれもクリエイティブ・クラス論と同じで周回遅れのビジネスモデル。イギリスやフランス、ドイツでは厳しく規制するか禁止になってるし、中国でもタクシー並みの規制になっている。シンプルに考えたら、街中、白タクだらけになってええはずがない。保険に入っていない運転手にひかれてどうしようもない悲劇が世界中で起こっている。そんな危険なことを大阪維新の会はいまだに推奨しているわけですよ。ライドシェアとかシェアリングエコノミーの推進とか。シェアハウスがええ例。

——シェアハウス?

金のない頃はシェアに甘んじるけど、賃金が上がったらみんなでていくやん。誰がおっさんが使ったあとのトイレに行きたいんや。そんな姉ちゃんおれへんって。

——なるほど(笑)。

空飛ぶ車も同じ。上から部品が落ちてくると考えたら怖くて歩いていられへん。そんなことはちっとも考えへん。

——ライドシェアは世界では新しい考えではないんですよね。

客をどうとるかというだけで珍しいものでもなんでもない。ミャンマーなんかでは7年前からアプリでタクシー呼んでやってたわけよ。アジアではグラブかな、アメリカではウーバー。あるとき楽天の三木谷さんがアメリカのリフトというライドシェア会社に350億ほど出資しはったわけよ。するとたんに政府の諮問委員会でライドシェアを推奨することになったわけ。しかし三木谷さんがその会社の出資をやめたら政府の声も小さくなった。

――ある意味わかりやすい構造……。

あの人らはそういう人たちなんや。自分の商売にしか興味がないわけよ。それで人や地域がどうなっても関係ないのよ。そんな終わったビジネスモデルやのに、どういうわけか大阪維新の会は維新八策にライドシェアの推進って書いている。マッチングっていうんかな、アプリで配車したらチャリンチャリンとどこかにお金が落ちてくる仕組みになっているんやろね。

ウーバーイーツって1回頼むとその料金の35%がウーバーイーツの手数料になるんやってな。それをタクシーでやろうとしているだけの、危険かつ、誰かの金儲けのために多くの犠牲を払うビジネスと思ってもらえればわかりやすいかな。

――本当にそうですよね。

クリエイティブ・クラスもそう、ライドシェアもそう、カタカナを使ってまどろっこしいことを言うわけやね。みんな失敗やってわかってんのに、大阪でやろうとするわけやね。大阪の経済が死んだらどうするんや。観光に頼るしかなくなることがなんでわからへんねんやろ。

実体経済が社会を支えているという事実をスルーしてはいけない

――1980年代にコピーライターブームが起こって、カタカナ職業がもてはやされて、若者がどんどんその業界へ入っていきました。しかし日本の経済がダメになっていくと広告

業界もダメになって、今では最も人が集まらない業種になっていますね。それと似ていますね。

大阪維新の会は、実体経済が社会を支えているという当たり前の事実を平気でスルーするよね。そんな人たちが持ち上げるクリエイティブ・クラス論も、結局は、製造業などリアルな経済活動が社会全体を支えていることを無視している。どっちへ向かうかといえば、利益率の高い金持ちとの商売になっていくとか、製造業ではないネットワーク的なものが金を稼ぐとか、金融商品を買った方がいいんだとか、マネーゲーム的なほうへ走ってしまう。

庶民の生産性って、製造業だったり、野菜作ってくれる人だったり、介護サービスだったりするわけやん。だからリチャード・フロリダのクリエイティブ・クラス論って、実は、製造業とか地に足がついた生業を都市で守っていかへんと人間とか都市が死ぬんやっていう当たり前のことを逆に証明してくれたんかもしれへんよね。

――それなのに大阪維新の会はクリエイティブ・クラス論をいまだに謳っている。

多数の人が地に足の着いたことをやることで社会が守られ、維持されていくのに、橋下徹みたいに、オレのように勝ち抜いて「勝ち組」になればええやないかという。世の中の人がみんなそんな人になったら、世界も人類ダメになるよ。争いしかない世界になっていく。

――はい。

橋下徹だけでなく、世界の支配層の人たちがそっちに向かっていることを僕たちといぅか、地道に商いや生業をしている人たちが気づいて取り戻していかなあかんよね。そうでなければこの人たちは平気でクリエイティブ・クラスなんて言うて、ひろゆきみたいな人たちに公金を使って優遇してしまう。公金は実体経済を支えてくれる人たちにこそ使わなあかんもんや。生業をやっている人たちが経済の主人公なんやということをもう一度気づいてもらって、一部のベンチャービジネスを優遇しましょうと餌を撒いていることがいかに欺瞞であることに気づいてほしい。

――そう思います。

そうや、クリエイティブ・クラス論って、「ひろゆきに公金使う論」って言い換えたほうがわかりやすいかもな。僕は前から思っていてんけど、ひろゆきって何の需要があってでてるんかわからんよね。あの人、2ちゃんねるをやっていたやん。その当時、2ちゃんねるの誹謗中傷で何人もの人が死んでんで。あれ、2ちゃんねるが製造物やったら死人をたくさんだしているから製造物責任に問われますよ。

――確かに。

ひろゆきはそれについて一言も触れてないやん。僕が彼を認めないのはそこ。たとえば作ったドライヤーが不良品で、使った人の頭焼けて、何人もの人がけがしたら社会問題になるよね。作ったものは製造物責任を問われる。けれどひろゆきは何もなかったような態度やんか。無責任極まりないよね。それに金をもたらすのがクリエイティブ・クラス論やね。そんなん、もう先が見えているやん。

小ぎれいな街に変わっても庶民の仕事が奪われるだけ

――でも、「国からお金がでるのならやったらええんちゃうの」と思う方が結構いらっしゃると思うんです。国の金で街がきれいになるのならいいでしょという思い込みが強くて、それは違いますと是正を促すのは結構ハードルが高いところがあります。

でも僕たちの暮らしにとってそんな陳腐な街が増えてもしあわせになれるんかということや。

――こじゃれた空間が嫌じゃない人も多いわけです。特に若い人はそう。だから都市開発の話は割とポジティブに捉える人が多い気がします。

そんな人もおるけど、たとえば松原市がいい例で、ゴミ焼却所は設けずにゴミは大阪市に焼いてもらいます。だからこんだけ経費が浮いてます。保健所は藤井寺市に肩代わりしてもらいます。さらにこれだけ浮きます。市民病院は赤字だから閉めますってやってるんや。ここの市長は元々自民党から出たんやけど、選挙の度に大阪維新の会寄りになっている人なんや。

そもそも市民病院が赤字やいうことは、安い医療を受けた市民が得したということやで。

――そうなんですね。

市民も最初は経費が軽くなる、焼却所もないから汚れないと思っているけど、気がついたらゴミ焼き場もない、斎場もない、保健所もない市になってしまった。その代わりに何ができたかといえば、ショッピングセンターが3つも4つもできている。そんな所で暮らす市民はしあわせかということですよ。

――大型ショッピングセンターは便利ですが、そんなにできると、地道にやっていた八百屋さんとか魚屋さんとか、おっちゃんおばちゃんの店がどんどん潰れていくことになります。

かつては米屋や八百屋の商いをして、家族のご飯代も稼げて、そこそこの車に乗れていたのが、いつの間にかタクシー会社へ勤めにいかなければならなくなっている。職を奪われるわけやね。そんな街がほんまにしあわせかっていったらそうではないよ。もう一度、普通に、シンプルに考えるようにせなあかんわ。

――クリエイティブで小ぎれいなものができたら何がなくなるかってことを、ですね。

それと大阪維新の会は、東住吉の同和地区にものすごい大きな土地があるからそこにアマゾンのような巨大な物流倉庫を作って、最低賃金で働かせようとしている。それってほんまにええことか考えやなあかん。

新大阪にも同和地区があって、勝ち取ってきた公的住宅が打ち切りの目にあったり、若い人も差別があるからなかなか思いどおりの仕事につけなくて、さびれたゾーンになっている。だからそこにアマゾンみたいな倉庫を呼び込んだるってぶちあげると、ぱっと聞いたら地域雇用が生まれるとか、そこで働けるかもとか、なんかイケてるものが来るとか、今よりもいいかもと思わせる錯覚を与えるよね。

――錯覚なんですか？

いくらで働けるんやってことは言えへんやん。アマゾンの倉庫の仕事ってものすごく過酷なんやで。労働実態は最悪やということへ目を向かせない。働けないよりマシやろという勢いで導入されても、働いても豊かにならへんから、結局は子どもが産めない社会になっていく。カジノもそれと同じなんやね。

――カジノ施設で雇用が増えるって発信もしているようですが。

そんな雇用はいらんねん。低賃金でまったくよろしくない雇用や。アマゾン倉庫に自国民が並んでて、外国人の研修生に金をかけて技術をばんばん身につけさせているのは、世界中で日本くらいや。イギリスへ行ったら倉庫に並んでいるのは大概が移民の人。職にあぶれた国民は職安へ行って手に職をつけるのがほとんど。今の日本はまともじゃないよね。ちゃんと働いて、ちゃんと給料をもらう、そんなちゃんとした職場がどんどん失われていってる。

昔の米屋の大将はクラウンに乗ってゴルフへ行っていた

ちょっと前までは、クラウンに乗っていたのは米屋や酒屋の大将、建築屋の大将やったんや。建築屋はもうちょっと儲けていたからベンツかな。その街にはその街の店があって、その街の需要があった。それが大手資本のチェーン店がどんどん進出してきてその街の店や企業を奪っていった。

僕は個人的にはベンツに乗ったり、ゴルフへ行くヤツはいけすかんけど、儲かる仕事や金になる仕事を奪っていく社会はもっと嫌なんや。日本はなんか奪われるばかりの社会になった気がするわ。稼ぎは中抜きする会社がごっそり持っていきよる。そこのあたりが日本の衰退の原因で、昔はテレビを観てても、他の国はまだあんなことしてるんやって笑っていたんが、最近は進んでる国をうらやましい目で観てるほうが多くなっている。そこが非常に辛いところやね。

――おっしゃることはわかります。

僕ら経営者や。個人的に経営者が持ったらあかんもんが3つあると思っている。フェラーリと競走馬とクルーザー。3つとも持っていたのがホリエモン。そんなホリエモンたちの税金と子どもが使うノートが同じ税率でかかる消費税はどう考えてもおかしい。金持ちからもっと取ったらええと思う。

――所得税のように?

そうや。それになんで貧乏人まで払わなあかん税率をバンバン上げようとするんか理解に苦しむ。まだ上げたいという財務省の連中は、マインドコントロールの域を超えて、おかしなってるんちゃうんか。それで国がほんまに成り立っていくと思っているんかな。

第4章

どこに消えたのか？消費税は社会保障の財源になっていない

人類の目的をコストで判断するところから社会の不幸が始まる

――素朴な疑問ですが、コロナで死者が多数でたり、道路の白線が消えかかってて事故が多い一方で、公金を使って大阪万博を実施したり、カジノを計画したりしています。東京オリンピックもそうでしたが、そのたびにそれで経済が活性化するといわれますが、本当にそうなんでしょうか？

なれへんよ。本当にそれで経済が活性化されて、庶民がしあわせになるのなら大賛成なんやけど。

――経済といわれてもあまりにも漠然としていてよくわからない部分があります。ただ生き苦しい時代になったということは肌感覚でわかるんです。その苦しさは大阪万博やカジノでは解消できないのでしょうか？

期待はできへんよね。経済でいえば、介護とか教育とかケアワークとか、人が人を看る仕事は、何かに付加価値をつけて儲ける製造業とは違う目的をもっている。人間が自分を道具にして生きていくという時代から、人が人として大切にされる時代に変わってきたからやね。

――お年寄りが生きていてよかったと、そんな最後を迎えてもらえるように、人が人を看ていくことが暮らしやすい社会の第一歩だと思います。

教育では子どもたちを将来の労働力としてだけみるのではなくて、今を生きる子どもたちの教育というんかな、人類の余力やね。あまった部分。いかにして人間の生活とか文化とかを豊かにしていくのかが人類の本来の目的のひとつやと思う。それを耕していけるような教育がほんまは必要なんやね。

それが儲からへんから止めるとか、金がかかるから止めるとか、人類の目的であるはずのことをコストで判断するところから社会の不幸が始まる。大阪維新の会がよく言っている、子どもを効率よくみろとか、大人数をまとめてみとけとか。

需要と供給のバランスが崩れた日本に必要なこと

お金の流れで見たときも、いまの日本社会が円安も含めて三流国みたいになってきている。その原因を見るときにキーワードになるのが「需要」。需要って、車やテレビの需要とか介護の需要とか、いろいろあるやん。それをぜんぶ足したのを総需要っていうんやけど、総需要はイコール購買力と一緒なんや。

――社会の需要をぜんぶ足したものが社会の購買力ということですね。

そう。そしてもう一方に社会の供給力がある。モノやサービスをつくる力が供給力。需要をみんな足したものと供給をみんな足したものが「需要と供給」って言われたりするんやけど、今の日本はそれのバランスが崩れているわ。供給のポテンシャルはあるんやけど、需要（購買力）が下がっている。

――原因は何でしょう?

いろいろあると思うよ。消費税を導入してきたりとか、非正規雇用が広まったとか、購買を支えている圧倒的な庶民の所得を減らす施策を推し進めてきたために、購買力が下がってきたんが一番大きな原因と思うけどな。

――なるほど。

購買力を高めることが、いま、日本経済の崩れたバランスを取り戻すのに必要なことやのに、政府は具体的な対策をとっていないわ。効率をよくすれば供給力はあがるけど、逆に供給力が相対的に大きくなって、モノ余りになるわけやね。モノとかサービスは作れるのに買う人がいないという状況になって日本は長期的なデフレに陥ってしまった。だから今、いちばん高めなければならないのは購買力なんや。

――どんなことをすればいいとお考えですか?

消費税を廃止するとか、お金を配るとか。大阪万博やカジノをやるより、社会の購買力を高めることをもっとやってもらいたいわ。

――えっ、消費税を廃止する？

何驚いてるねん。まあ、消費税のことは後にするわ（122ページ〜）。ここまで需要のことを話してきたけど、その一方で、いろいろな分野の供給力をすべて足し合わしたものを総合供給力って言うんやね。足りていない供給もあれば、足りている供給もある。社会で足りていない供給力の代表が介護サービスとか教育とか文化とかそっちのほうですよ。大阪維新の会が、勝手に儲からないって言っている分野やね。

――はい。

マクロで見たら、総需要と総供給とのバランスが崩れてデフレかインフレかになるんやけど、本来は産業別の需要と供給のバランスを整えていくという、そういう視点で施策を作らへんと、何をやっているのかまったくわからんようになると僕は思ってんねん。だから社会全体の生産力は高くても、その生産力を本来必要な供給に費やすことができへんという誤ったことが起きるんやね。たとえば、介護職の給料を上げることが、社会全体の購買力も増やすことにつながるし、足りていない供給分野を補填することにもなるから、経済学的にも一石二鳥になるんやけど、逆のことをしようとしているよね。

――う〜ん、わかるような、わからないような……。

安定雇用を奪う性質をはらんでいる税金が消費税

じゃあもっとシンプルに言おか。給料をもっと上げたらええねん。最低賃金が上がってるやろと偉そうに言う経営者もおるけど、それに騙されたらあかん。最低賃金が上がったって喜んでいる人は、賃金的に相手から最低の評価をされてることに気づくべき。

――最低賃金とは評価が最低ということ?

そう。なにせ「最低」の賃金やで。それと今の高齢化対策に大阪維新の会の連中はガタガタ言うけど、高齢化対策は若者対策であることがわかってないんやね。やがて若者も年老いていくわけやから。その昔、病院へ行ったら年寄りばっかりで、せやから年寄りから金とったらええねんっていう流れになった。でもとられただけで病院へ通う年寄りが減っているわけでない。病院へ行きにくい社会になっただけや。

――はい。

教育についてもそう。学校減らせとか、生産性や効率ばかりを言うんではなくて、先生の残業代もきっちり見て、金を払うようにしたらええわけよ。公務員から給料を上げたらええわけよ。僕らのような一般企業は業績が上がって黒字にならへんと社員の給料をアップできへんけれど、公務員はできるんやからね。それに公務員の給料は高いことはないわけよ。

――そうなんですか?

公務員の中でいちばん偉い事務次官で年俸2500万円くらいやろ。一般企業やったら毎年1億円もらう役員はたくさんいるよね。それやのになんで公務員の給料は高いと思うんやろ?　教師の給料を上げてやろうと思わないんやろ?

――これまたわかるような、わからないような……。

シンプルに考えたらええわけよ。お金をかけるところと、かけなくてええところを見極めたら済むだけの話なんですよ。れいわ新選組は消費税廃止って言うてるでしょ。僕も消費税は廃止にするべきやと思う。そして本腰を入れて所得倍増に取り組んだらええわけよ。年収3百万が6百万になったら、税金の払いは十分に増えて、消費税なんかいらんようになるはずや。

——でも消費税は必要でしょ。

消費税はゼロでも十分やっていけるんや。

——消費税ゼロなんて〝とんでも論〟のような気がします。

なんでやねんな。みんなマインドコントロールされているだけや。

——ホントにいまさら消費税をなくすことができるでしょうか？

誰でも間違うことはある。それは政治家も同じ。消費税を導入したけど、どうやらそのせいで社会が疲弊したとなれば、もう1回見直して止めることは止める、変えることは変える、それのどこがあかんの？

――はい。

だいたい政治家は結果が出てるのに学べへんっていうのが、残念やけど結論になるわけよ。大阪はなんでこんなに落ち込んでいったかというたら、モノを作ったりする人が徒党を組んだだけでけしからん、労働組合はあかん、そんな弾圧をやってきた結果、働き手がいなくなった。

――はい。

消費税は根本的に廃止せなあかんというのが僕の考え。消費税って売上から仕入や経費を差し引いた付加価値にかかる税金。人件費は付加価値の一部やから消費税の対象になるんや。ところが、従業員を派遣に切り替えたら、人件費が外に支払う経費に変わり、付加価値から差し引けるから消費税を抑えることができる。となると従業員を派遣にする方に動いてしまうよね。安定雇用を奪う性質をはらんでいる税金が消費税なんや。

そもそも従業員は資産であって、コストやないんや。

――そうなんですか？

いつから日本人は貧乏になったかいうたら消費税導入からやと思う。アメリカみたいに物価が過熱したときに税率を見直すというのやったら優れた制度かもしれんけれど、そんな気はさらさらないからね。みんな貧乏してんのにまだ消費税あげてミサイル買おかとか言うてる。もはやミサイルなんて国防やないのに。おそまつやね。

――はい。

それに消費税は国内の取引だけにかかるので、輸出すればこの付加価値税10％がゼロになるんや。その一方で、仕入や経費の支払いのときにかかっていた消費税が戻ってくる。その分が丸儲けになるから、輸出への誘惑がすごく高くなるわけね。だからまじめに国内のために良いモノやサービスを提供したいという活動や思いが壊される種類の税金が消費税。消費税がある限り国内生産回帰と安定雇用は無理と言わざるを得んわ。

消費税は社会保障の財源になっていない

消費税はそんな不誠実な要素が多分に含まれた税金なんやね。だから国は何をしたかというと、悪しき税金を搾り取る方便として社会保障の財源という嘘を持ち出して一大キャンペーンを展開したんやね。国民のマインドをコントロールした。このマインドコントロールがある限り、消費税廃止の機運は盛り上がらず、国内生産回帰と安定雇用の拡大は無理なんや。

――新興宗教みたいですね。

消費税と結びつけて社会保障がうまくいくわけがないし、結びつける必要もないからね。分配には他のやり方がいくらでもあるわ。それやのに消費税をゼロにしろっていうと変な目で見られる。そういう意味では日本人は消費税教の信者かもしれんな。

――笑い話にもなりませんが……。

消費税廃止こそ、地に足のついた実体経済を取り戻せる唯一の方法でもあると思うから、そのマインドコントロールを崩したいんやけどね。

――ちょっとお聞きしますが、消費税を廃止して、本当に大丈夫なんですか？

なんでえな。消費税って元々なかったんやで。消費税は廃止のほうがええって言うたら、社会保障の財源はどうすんねんって言うヤツが必ずでてくる。アホな政治家だけが言ってくるんやなくて、若い人もそう思っている。それくらい刷り込まれているんやね。

――私もそう思っていました。消費税は社会保障の財源だと。そして消費税廃止はある種〝とんでも論〟の一種なんだと政府は副読本なんかを作っていて、消費税がいかに大事かっていう一大キャンペーンを展開して、消費税は社会保障の財源っていう誤ったイメージをすっかり定着させたからね。そして国民に所得格差が広がってくると、低い層の若い人たちは誤った被害者意識を抱くようになってきた。自分たち若い者の負担が高まっているとか、国債を発行しすぎると我々の未来の負担になるとか。

――えっ？　違うんですか？

違うよ。消費税をこれまでずっと徴収した総額と法人税を減税した総額を比べると、法人税を負けたった金額に匹敵するんやで。

――そうなんですか？

なんで日本人の給料が上がらへんかと言えば法人税を下げたからなんや。昔は税金にもっていかれるくらいやったら給料にまわしたるわって、普通の会社は利益を社員に還元していたわけ。会社が儲かれば、給料も増えたんや。それが大企業の大企業たるゆえんやってん。だから大企業の給料は高かった。しかし法人税を減税してくれるんだったら、社員に払うより内部留保しておこうとなるよね。

――はい。

消費税以前と以後のどちらが正しいか比べれば一目瞭然よね。昔はボールペン1本買うのに税金はかかってへんかった。ベンツにはかかっていた。そもそも1本100円のモノと1台1000万円のモノが同じ税率っていうこともおかしいし、ボールペンを買う人とベンツを買える人の税率が一律同じというのもおかしいわ。

――言われてみればそうですね。まったく気づいていませんでした。

こんな資料がある（図2）。消費税と法人税のプラスマイナスをグラフで表したもんやね。消費税が導入されて毎年分が積み上がってるわな。2016年までで263兆円。

一方で法人税が減税されていく。消費税導入の翌年くらいに減税法案が通って税収が下がるんやね。まあ、当時、景気が下がったということも要因のひとつやってんけどね。

――グラフを見ると、法人税は確実に税収としては下がっていますね。

その総額を比べると消費税の73％は法人税の穴埋めになっているんがわかるやろ。これは動かぬ数字。僕らが払っていた消費税は法人税の穴埋めになっていたということ。残り全部が社会保障にまわっていたと

図２　消費税収と法人税収の推移
（財務省一般会計税収の推移より、れいわ新選組が作成）

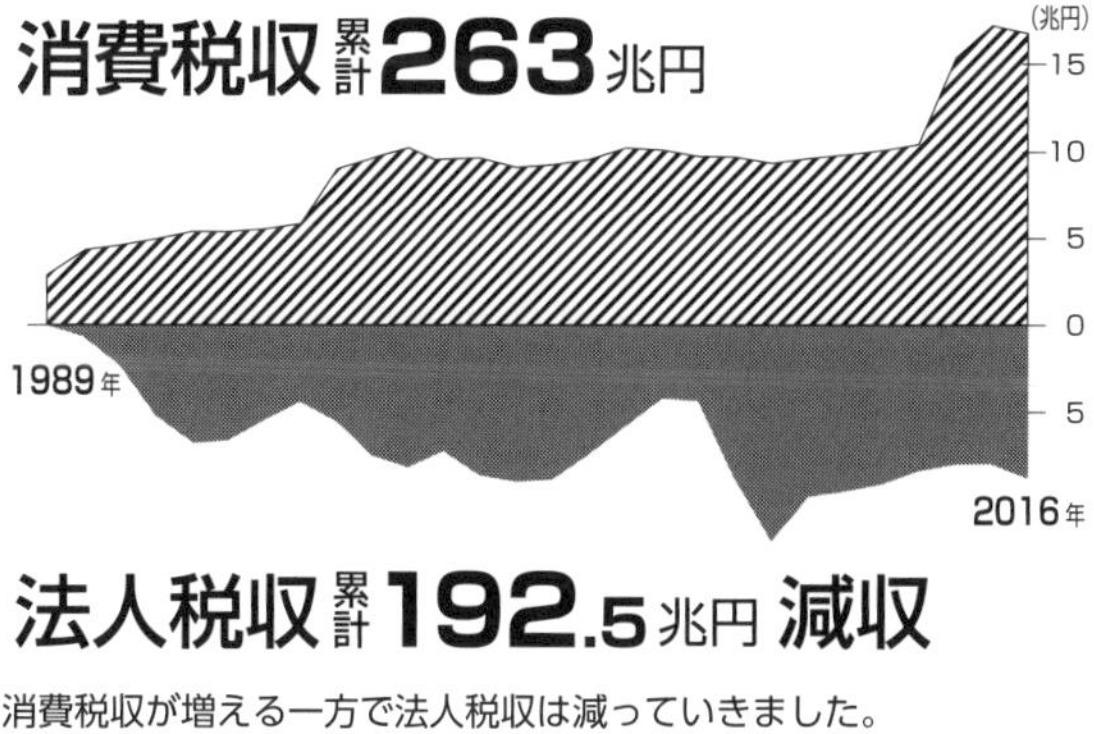

消費税収が増える一方で法人税収は減っていきました。

しても70兆円、４分の１弱やね。

――知りませんでした。

それだけやないんや。残りの消費税がすべて社会保障に使われていると思いたいんやけど、実は消費税の１％前後は地方へ行く税金になるので社会保障にはまわらん。れいわ新選組の山本太郎議員が消費税の何パーセントが社会保障に使われているのかと国会で問い詰めたとき、少なくとも85％は使われていないことを国が認めたんや。

――ちょっと軽いショック……。

消費税廃止の前に立ち塞がるもうひとつの壁

その事実をいくら言っても、いまだに何アホなことを言うてるんやって思ってしまう人が大半なんやね。それほど国で行われている刷り込みは相当なもんやったということ。それは大阪維新の会にもいえて、大阪での刷り込みが巧みで、その結果があの得票数と考えなければ、関西だけの大阪維新の会人気の説明がつかへんよね。

――大阪だけ大阪維新の会が優れているわけではないですものね。

大阪であれだけ支持率が高いのは間違いなく刷り込みの結果。消費税と同じ構造なんやね。その刷り込みは生産性とか効率という言葉にもいえて、最近の日本は誤った生産性カルトにつけ込まれていると僕は思ってんねん。せやから普通に違うやん、悪いやんって言うてるわけ。

――はい。

僕が思うにな、日本人が貧乏になったことがすべてなんよ。ちゃんと給料をもらっていたら消費税収がなくても所得税収は増える。累進課税やからね。年収300万の人が30年後には600万に上がることはどこの国でもあること。それができたら税金は十分に増えるわけ。

――そうですね。

でも不公平な消費税が導入されると日本人はどんどん貧乏になっていった。だからおばあちゃんの身体が悪なったから、身内のもんがパートを辞めて看るわというようことができへん社会になった。挙げ句の果てにはおばあちゃんの面倒を看ることができないからはよ死んでよって社会になってしまった。

――悲しい現状です。

それもこれも日本人が貧乏になっていることがすべてやと思う（図４）。もっといえば自分が貧乏になっていることにも気づいていないことも問題やと思う。でも実際には余裕がないから、公務員はもらいすぎやっていう意見にも乗っかっちゃうわけやね。

図 4　主要国の実質賃金の推移
(OECD.Stat における Average Annual Wages により作成。購買力平価ベース)

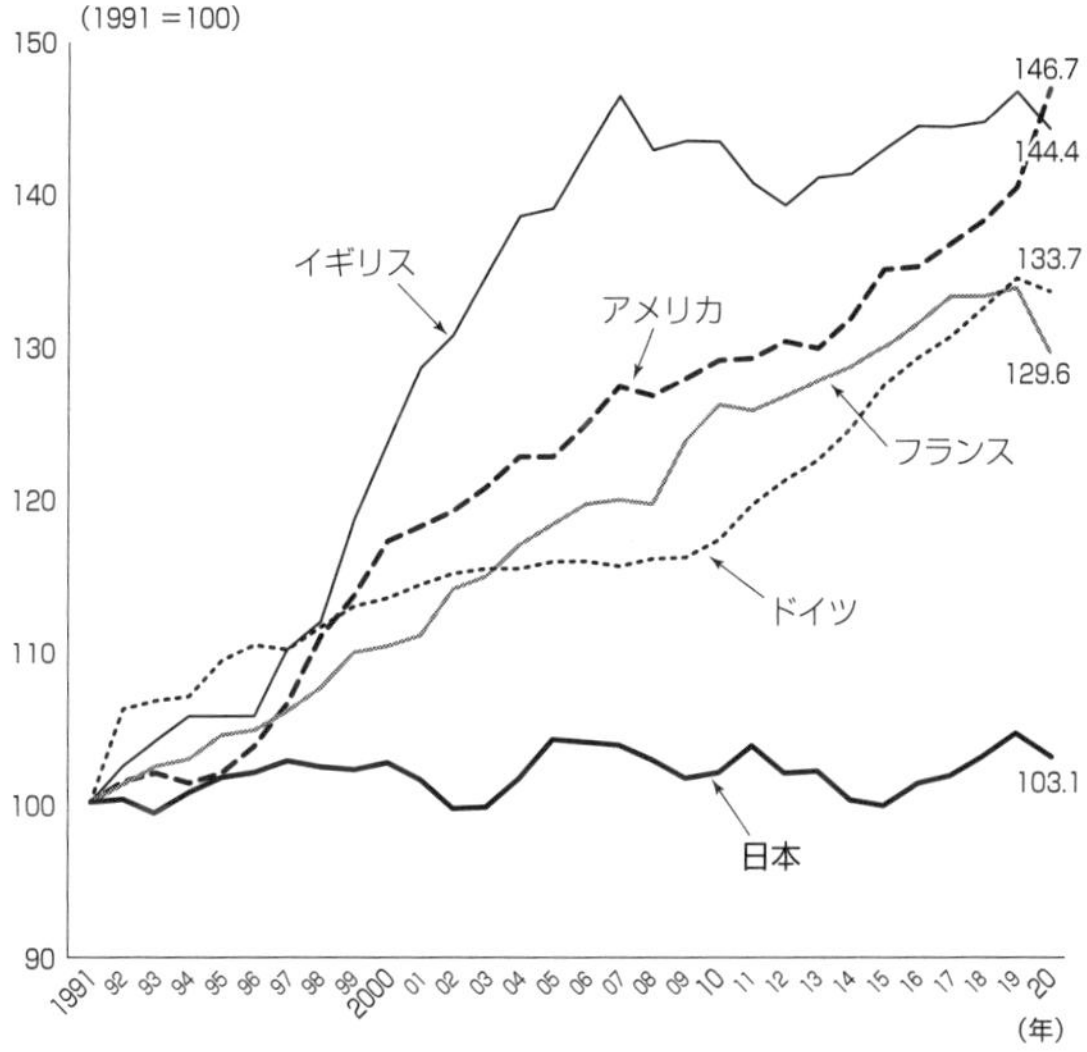

G7 主要国の実質賃金は 30 年間で 1.3 倍～ 1.47 倍に増加。
日本は横ばいで 30 年間増加していません。

――やはり消費税が諸悪の根源ですか？

そうやね。ただ日本人がどんどん貧乏になっていく流れの中で公務員の給料を上げていいんやとか訴えてもなかなか聞く耳をもたんよね。マインドをすっかりコントロールされてしまっているからね。やっぱり若い人たちに、今の、そのものの見方が違うんやということに気づいてもらえることを必死で言うけど、それが〝どんでも論〟のように誘導するチカラが凄いよね。

――私もそう思っていました。

もっとシンプルに言うたら、物事を分配するのに財源がいるのかってことやね。所得税はたくさん稼いだ人からたくさんもらう。稼いでない人から少なくする。シンプルやん。貧乏人も大金持ちも、鉛筆もベンツもみんな同じ税率っておかしいよね。その点だけでも消費税は悪法とわかるよね。

――なるほど。

社会保障制度をもっとうまく展開していく方法

現在の社会保障がしんどいのは社会が疲弊しているから。もっと経済成長させて、非正規雇用者を正社員に変えるだけで、さっきの話やないけど、所得を倍増したらそれだけで社会保険料は集まるわけやんか。国民の所得を上げようとしないで、逆に消費税みたいな悪法で奪うようなことをしている。そこを問うていかなあかんよね。分配するのに金を奪う必要はないんよ。財源はどうするんやって言うけど財源はあるわけやん。

――あるんですか?

毎年何兆ってお金をどこかに使ってるわけやろ。コロナの対策で大きめに予算を確保したことが影響して、２０２１年度の国の予算の繰越額が、過去2番目に大きい22兆円余りとなったやん。22兆円あるんやったらしばらく消費税をとらんでもいけるとか、医者代はいらんとか、本当に必要なことの優先順位を決めてそこから使っていったらええのにね。大阪の国会議員が言うてたけど、塾のクーポン券とか配ってるけどクーポンは3分の1が手数料とか。そんなところに金を使うから社会保障へまわらんようになるんや。

――大阪はやたらとクオカードを配りすぎですね。

行政のマネーロンダリングみたいなものができつつあるんかな。府民の手にわたるまでに手数料がどんどん大きくなる。東京オリンピックと一緒やね。日給1万2千円で雇った人を国に売るときは35万円って、竹中平蔵のお友だちのパソナがやっていることは中抜きとはいえんレベルになっているわ。

――そんなに?

国から交付金を配布したら府民の手にわたるまでに2～3割は目減りしているらしい。目減りのなかに大阪維新の会のお友だちの旨味があるとしか思えへんよね。

――はい。

僕ね、岸田文雄首相とLINE友だちやねん。ほんまに本人が書いているのか、スタッフが作業しているのかはわからへんけどね。それで支持率を上げる起死回生の方法を教えたるわって送ったんや。まず消費税を廃止するとぶち上げる。そしてその真意を国民に問うために解散する。貧乏人を苦しめ、金持ちを優遇する制度、ボールペンとベンツが同じ税率がおかしいって自分で言って、自爆テロをしろと。解散総選挙して起死回生しろと。

――返事はどうでした?

何もなかったわ。岸田政権が生き返るのはこれしかないと思ってるんやけどね。

第5章

大阪を、そして日本を立て直す手立てはどこにあるのか？

おかしいことはおかしいと怒ろう

――中小企業の社長のお立場から、これから大阪が活性化していくには何が大切とお考えですか？

みんながもっと考えるようにせなあかんよね。政治も頼りないけれど、国民も府民も市民も考えへんようになっているわ。おかしいことはおかしいと怒らな。最低賃金を上げましたなんて詭弁にうれしいと思ったらあかんわ。

――坂本社長のご意見は、最低賃金は「あなたは最低の労働者」というレッテルを貼られたも同然ということですよね。

「なんで自分が最低賃金やねん」と疑わなあかんよね。オレは最低なんか？　最低だとしたら何が悪いんか？　自分が悪かったら改めるようにしたらええ。その上でもっと給料をくれと言わなあかんよね。

──すると職がなくなる。

そこに付け込むみたいな政治も企業経営も嫌やね。おかしいと声を上げることが大切。おとなしい猫のようにじっとしていたら政治のええようにされる。コロナ禍で大阪はこれだけの死者をだしているのに、まだ万博やカジノやという夢のような話で問題をそらそうとしている。おかしいと感じなくなったらほんまに大阪は夢洲と一緒に沈んでしまうよ。

──職を取り戻せと。

大阪からどんどん金になる仕事が消えてるよ。公務員の数も少なくなっている。パソナかどこかの非正規の人が役所で働くようになる。パソナはどんだけ金を抜いてるのか想像すると怖くなるよね。公務員の仕事が減って、パソナにお金が落ちていく。そんな構造っておかしいよね。

――中抜きの構造ですね。

コロナ禍のときもあったやん。大阪ワクチンを開発するんや言うて。

――ありましたね。今はその話は聞きませんね。

アンジェスの株を上げて、一時期は３０００円ぐらいになった。でも、ワクチンはできひんかった。いまの株価は１２０円くらい。結局、株を売り抜けたヤツが儲けただけ。僕はそんなことをお友だち資本主義と呼んでるんやけど、東京オリンピックで明らかになったように政府や政治家の周辺におる企業だけが潤う構造をもっと正していかな、日本も大阪も活性化されへん。大阪万博は動き出しているから仕方ないけど、カジノは本当にそんなことはないのかもう一度、ちゃんと検証せなあかん。大阪維新の会は隠すかもしれへんけど、そこを開示してその上でほんまに必要かどうか検討したらええ。

――カジノ計画は住民の合意が必須のはずですが、住民投票を求める署名が否決されたことも含めて民意が届いているとは思えません。

大阪維新の会のやり口や。都合が悪くなると話をすり替える。痛いところを突かれると恫喝する。大阪はいつから独裁国家ならぬ独裁府になったんかと思うわ。

所得倍増は安定雇用から

昔の大阪は自分たちで考えて、東京とは違う価値観ややり方で繁盛してきたんや。東京を追うことも、大阪維新の会のやりかたももういらん。岸田首相が所得倍増を言うだけやったら、大阪からやってやるって所得倍増に取り組んだらええ。通天閣の色を変えるだけの大阪モデルなんていらん。大阪のアイデンティティーを取り戻せと言いたいね。

――所得倍増の一方で消費税の増税も噂されています。

それがおかしいっていうねん。みんなの所得が倍増されたら税金も増えるんや。消費税なんかいらんねん。

――ホントにいりませんか？

なんでえな。さっきも言うたけど、役所でパソナに雇われて、最低賃金で働いてる人がおるわけや。それを昔のように正規の職員に戻して、給料を払ったらええわけよ。非正規の職員を正規にするだけで所得倍増につながるんや。大体年収３００万円の人の年収を倍増するのは簡単やし、６００万円にするだけで支払う税金も十分に増加する。３００万円の人が６００万円になったら、６００万円の人も９００万円以上に絶対なるよ。税金も社会保険料も増える。消費税に頼る必要なんてどこにもないわけよ。

――昔のように安定雇用が大事ということですか？

仕事がちゃんとあることが生活の基本やん。所得が上がれば、納税額も上がる。生産性や効率とか、規制緩和とか、聞こえがええだけの改革をやったおかげでどうなった。昔はハガキを投函したら翌日にはついていたんや。いまは何日もかかるやん。国鉄がJRになって、地方の路線がどんどん廃線になって、行くに行けない状況になる。地方はどんどん過疎化が進んで、人も富も東京に集中するようになる。地震がきたらどうすんねんって思うよね。東京どころか日本も終わってしまうよ。それでええのんかって言いたいわ。

——本当に所得は倍増されるのでしょうか?

してもらうんやなくて、するように声をあげやな。もっと給料をくれって言わなダメ。自分は安く売られてると自覚せな。昔は給料上げてもらわな仕事せえへんぞとストやった。今の若い子はたぶん知らんと思うけど、闘って勝ち取ってきたんや。最近は闘わんともらうことしか考えへんから、あいつもらいすぎと思うんやね。せやから公務員は楽しているという声にフラフラとついていってしまうんや。

――はい。

所得倍増も派遣の法律を元に戻して、ちゃんと働く人を増やすだけで年収300万の人が確実に600万になるわ。公務員の数はせめてアメリカ並み。今の日本はアメリカの3分の1くらいちゃうかな、全労働者に占める公務員の割合。それをアメリカ並みにしたらもうおおよそ所得倍増になるよ。できへんっていうのがおかしい。

セグウェイはどこへ消えたのか？

――昔へ逆戻りしろということですか？

逆行するっていうことではない。スパイラルやな。じいさんやばあさんが昔はよかったってよう言うやん。今の中年にも聞いてみ。昔はよかったたって言う人が大半やで。そんなによかってんやったら昔に戻ったらええんちゃうのん？

――確かに。

人間誰でも失敗や過ちはある。悪いと思ったら改めたらええんやん。ごめん、間違っていたと頭をさげて悪いところは元に戻す。2025年に空飛ぶ車を飛ばすって言うているけど、どんなルールで飛ばすんやと思う。今、関空のそばを小さいドローンが飛んだだけで、飛行機は飛ばれへんようになるんやで。そんな状況で好き勝手に飛べるわけないやん。好き勝手に飛べるようにしたら事故が多発するよ。空から部品が落ちてくる。それがほんまにすばらしい未来なんか?　昔、セグウェイってあったやん。

――ありました。不思議な二輪車。

あれがあるところは進んでいるって言われた。今頃はみんながセグウェイで移動しているはずやった。でも実際はどうよ。今、誰が乗っている?　製造中止になってるやん。新しいもんとかカタカナ言葉に飛びつきすぎやわ。なにがクリエイティブ・クラス論や。新規事業には金を出しますって、うまくいくかどうかわからん賭けみたいなことはせんと、いま頑張っている会社、社会を支えている中小企業にこそ金をまわしてあげてほしいわ。

取り戻せ、商人の街

——バス・タクシー会社の社長の切実な願いですね。

自分のことだけやないよ。大阪だけでもちゃんと商いができる街に戻したいと思うんよ。取り戻せ商人の街、大阪やね。

——大阪商人って言われていましたね。

大阪がなんでダメになったかといえば、商売人がおらんようになったからですよ。昔の大阪には商売人がいて、その人たちが自民党の支持者になって票を入れる。商売人は自民党を応援して、商売人に雇われている人は立憲や共産を支持していたわけですよ。商売人が減れば雇われる人も減る。自民党や立憲民主党や共産党の票が減るのも当然といえば当然やね。

――その間に大阪維新の会に票が集まるようになった。

昔は会社に労働組合があって、給料を上げげんかったり、労働環境を改善せんかったら働かん、そんな会社を潰せって言っていたけれど、ここ何十年言わんようになってきた。

――このご時世、会社が潰れたら働き場を失うことになります。

それにつけこんで企業側は賃金を抑え、雇用を抑える、内部留保を膨らませる。それでしあわせになるかっていうことですよ。もう大きなショッピングセンターはいらんわ。それより米屋があって、八百屋があって、魚屋があって、商店がある。そんな街こそしあわせな街と思うんよ。

――それは理想ですが、できるんでしょうか？

府民や市民をしあわせにすることが政治の役目なんや。府民や市民の雇用を奪うような街にするのが政治の仕事ちゃうんやで。昔の大阪には大会社の本社がたくさんあった。しかしほとんどが東京へ行ってしまった。

――本社を東京に変える理由があるんでしょうね。

そうなんや。ビジネスをする上で東京のほうが魅力的。だから企業がどんどん東京へ行って、大阪の雇用が奪われていく。それやったら大阪を魅力的なところにして企業を戻そうとするのが政治の仕事ちゃうか？

――はい。

企業が戻ってきたら雇用が生まれる。商いの街の活気を取り戻したら、府民や市民の所得も増えて、納税も増える。公務員の給料なんてすぐ追い越してしまう。そしたら誰も公務員はもらいすぎやなんて言えへんようになる。安い給料で夜遅くまで働いてもらってありがとうって感謝するようになる。それがほんまの姿ちゃうか?

――おっしゃるとおりです。

分断や批判や争いや恫喝からは何も生まれへん。万博やカジノやって、目先だけの夢物語を語る必要もなくなる。実体経済が強いところにしあわせがあるんや。政治の役割は分配であり、民を慈しむ志をもった者が行うべきや。いまからでも遅くないと思う。万博やカジノを実現して大阪を沈みゆく街にするか、商いの街に戻って元気な実体経済を取り戻すか。ほんまの正念場やと思うわ。

――考えなければいけないということですね。

調子のええ言葉に惑わされず、何がおかしくて、何が正しいか、もう一度考えようや。

著者

坂本篤紀（さかもと・あつのり）

1965年生。理学療法士としての勤務や自動車関連の事業を自営したのち、1987年に日本城タクシー株式会社に就職。2013年に同社の代表取締役に就任。コロナ禍で業績不振になったときには、自社所有の観光バスを3台売却して社員の雇用を守ったことで話題となった。グループ全社で約220名のトップを務めながら、現場感覚を忘れないために、現在もタクシーに乗務している。これまでに『探偵！ナイトスクープ』(朝日放送)、『報道1930』（TBS)、『ビートたけしのTVタックル』（テレビ朝日）などに多数TV出演。『報道1930』では生放送で橋下徹氏と議論が盛り上がり、注目を集めた。本書は初の著書となる。

維新断罪

中小企業社長が喝破する、大阪の沈みゆく理由と再生私論

2023年 3 月 1 日　初版第 1 刷発行
2023年 5 月 1 日　初版第 2 刷発行

著　者　坂本篤紀
発行者　岩本恵三
発行所　株式会社せせらぎ出版
コミュニティパブリッシング事業部
〒530-0043　大阪市北区天満 1-6-8 六甲天満ビル 10 階
TEL 06-6357-6916　FAX 06-6357-9279

印刷・製本所　モリモト印刷株式会社

©2023　ISBN978-4-88416-293-1 C0231